シリーズ◆荒れる青少年の心

いじめ・いじめられる青少年の心

発達臨床心理学的考察

坂西友秀・岡本祐子 編著

北大路書房

はじめに

　いじめは，世界的に教育問題になっている。日本だけにみられる特異な現象ではない。欧米各国においても解決すべき深刻な問題だ。工業化・都市化が進む国でいじめが多く発生している現状は，皮肉なことに科学の進歩と物質的豊かさが，必ずしも子どもの幸せにつながらないことを示唆している。

　いじめに対する取り組みは，各国の社会のありよう，文化や教育制度と密接なかかわりをもち，それぞれ異なる。日本では，文部省（文部科学省）が教育現場に注意の喚起と取り組みを要請する通知を出したのを契機に，子どもの行動を監視し，生徒指導と管理を強化する傾向が強まった。

　欧米では，いじめの実態を客観的に把握するために，大規模な調査研究が行われた。日本と大きく異なる点は，いじめ問題を改善するために具体的な教育プログラムが用意され，専門家による学校教育への介入が行われてきたことである。実施可能な取り組みプログラムの開発，教育現場における実践とその成果が強調される。大胆なアクション・リサーチが試みられるのは，実用性，実効性を重視する社会と，地域に開かれた学校という積極的な背景があるからであろう。

　いじめ問題の対処に限らず，カウンセリングや心理臨床的な問題へのアプローチにおいても，欧米では行動化可能な教育・治療プログラムが用意されている。アサーション・トレーニングなど各種のプログラムが日本に紹介され，教育場面で応用されてきた。一種のスキル・トレーニングであり，目標が設定され，明確な手続きと結果の測定がある。この一連の流れには評価が含まれ，手続きの有効な点と問題点を明らかにすることができる。次の働きかけに生かすための情報が得られ，有意義である。しかし，個別の対応と同時に，子どもを取り巻く家庭，学校，地域，社会など，より大きな環境のあり方を吟味することも必要だ。

　第二次世界大戦後の日本を10年単位で見ると，社会の変化が，学校教育と子どもの世界に大きな影響を及ぼしていることがわかる。1945年から1950年の間は戦後の混乱と復興の時期であり，多くの子どもは貧困の中にあった。

1950年代は朝鮮戦争による好景気で，経済成長初期にあった。大規模団地が出現し，「かぎっ子」が誕生しつつあった。1960年代は，所得倍増計画のもと高度経済成長期にあった。日米安保条約，環境汚染・公害が社会問題化し，大学紛争を通じて大学生が表舞台に登場した。1970年代には，オイルショックと景気の陰りを経験した。大学紛争鎮静化後の高校生の無気力が問題視された。1980年代は，バブル経済とその崩壊があり，90年代を目前に経済不況の時代がはじまった。中学生・高校生の校内暴力，不登校，いじめ問題が多発し深刻化した。過干渉，過剰監視，厳しい校則の徹底と力による生徒指導，管理の強化が図られた。1990年代には，景気はさらに低迷し長期化した。不登校，いじめ問題はいっそう低年齢化し深刻の度を増した。教育現場では，強圧的，管理的な対応から一転して，児童や生徒の心を「共感的」に理解するカウンセリング・マインドが重視され，柔軟な対応へと切り替わった。2000年代に入り，教師の力量不足が問われる一方で，養育者による子どもの虐待や子どもの発達上の問題が指摘されはじめた。現在，小学校低学年の「学級崩壊」が増えつつある。大学生からはじまった戦後の教育問題は，年を追って低年齢化し，今や親世代から子世代まで全体を巻き込んでいる。

　本書は，現代の青少年の問題を，発達臨床心理学の立場から専門的に吟味しようとするものであるが，心理学の知識をもたない方々にも容易に理解できるよう配慮している。これは，現代の青少年にまつわる問題をできる限り多くの人々と共有し，共に考えていきたいという本シリーズのねらいに基づくものである。本書は，キレる青少年の問題についてまとめた第1巻，ひきこもりを取り上げた第2巻に続く第3巻にあたるものである。

　本書では，いじめに関する理論的な動向や世界の最新の研究を紹介している。これにより，いじめが，社会や文化の違いを超えて発生し，各国に共通した問題であることを理解していただけると思う。いじめは表からは見えにくく，教師も親も即座に適切に対応することが難しい。いじめに対する具体的な対処について，海外の例も取り上げた。そのままあてはめることはできなくても，効果的な対処法を探るうえで参考にしていただきたい。

　この本の特長のひとつは，いろいろな職場で日々子どもと接している専門家が，それぞれの視点を通して「いじめ」について考察していることである。カ

Contents

第3章 青少年のいじめへの対応　81

第1節――いじめに対応する際の原則　82
1　いじめをめぐって　82
2　いじめの予防的観点から　83
3　いじめが発見されたら　85

第2節――さまざまな立場からのいじめへの対応　89
1　教師の立場から―ある私立学校の場合―　89
2　養護教諭の立場から　93
3　教育相談員・心理カウンセラーの立場から　98
4　いじめ・いじめられる親の立場から　102
5　児童自立支援施設の職員の立場から　107

第3節――いじめ被害者に対する心のケア　115
1　被害者に対する心のケア―「いじめ」経験から脱皮するために―　115
2　被害者に対する心のケアの実際　123

付章　青少年のいじめを理解するための 文献・資料集　133

引用文献　138
人名索引　147
事項索引　149

コラム
①中野区の鹿川君事件（1986年2月1日）
　　―葬式ごっこという生きジゴク―　7
②諸外国のいじめの現状①―韓国　26
③諸外国のいじめの現状②―中国　27
④山形マット死事件（1993年1月13日）
　　―山形家裁と仙台高裁，山形地裁の異なる判決―　36
⑤愛知県西尾市のいじめ自殺事件（1994年11月27日）
　　―母親あての114万200円の借用書―　37
⑥「いじめ」現象の理解―本質は変わったか―　57
⑦新潟の伊藤君事件（1995年11月27日）

―出席番号の書かれた遺書と連絡ノートの日記　　69
⑧千葉の鈴木君事件（1998年3月20日）―異例のスピード逮捕―　　70
⑨諸外国のいじめの現状③―アメリカ　　80
⑩いじめ被害者のサイン　　87
⑪いじめ発見のための質問紙　　88
⑫子どもが望む「いじめ」問題対策　　112
⑬諸外国のいじめの現状④―イギリス　　113
⑭諸外国のいじめの現状⑤―オーストラリア　　114

第1章
青少年のいじめの実態とその内容

第1節

いじめとは

 いじめの多発と質的変化

　日本でいじめが社会問題として取り上げられるようになったのは，1980年ころからである。同時期，世界的にもいじめは深刻な問題としてとらえられ，社会・文化の違いにかかわらず共通した性質・特徴のあることが明らかにされはじめた（Smith & Sharp, 1994；森田, 1998, 2001）。もちろん以前からいじめがあったことはだれもが認める。しかし，1980年代に入ってから今までのものとはその性質が大きく変化した。高徳（1999）は，いじめ事件を整理するなかで，3つの時期に区分している。前期は「ガキ大将型いじめ」中心の1984年ころまで，中期は「差別型いじめ」中心の1985年ころから1990年ころまで，後期は「情報体験としてのいじめ」中心の1991年ころから現在までの3期である。1985年ころから「それまでのいじめ事件とは事件の様相を変えてきた」という。

　文部省初等中等教育局長が，各都道府県教育委員会教育長，知事，附属学校を置く各国立大学長宛に「いじめ問題に関する指導の充実」の通知を出したのは，1985年であった。いじめ問題は放置できないほど深刻化し，従来子ども社会にあったものとは異質のものであることが公式に認められたのである。「最近のいじめには，単なるいたずらやけんかと同一視したり，又は，児童生徒間の問題として等閑視することが許されない状況がある」と述べられている。「児童生徒の問題行動に関する検討会議」は，「いじめ問題に関する5つの基本

認識」を提示し，かつてのいじめとは異なる面・特徴の周知と自覚を促した。いじめは，①児童生徒の心身に大きな影響を及ぼす深刻な問題であり，その原因も根深いものであること，②今日の児童生徒の心の問題が深く介在している問題であること，③学校における人間関係から派生し，教師の指導のあり方が深くかかわっていること，④家庭におけるしつけ問題が深くかかわっていること，⑤解決には，緊急対策，長期的対策の両面からの対応が必要であることとされた。その後も「いじめ―指導の徹底」（1985. 10. 25），「いじめ―当面とるべき措置」（1985. 11. 16），「いじめの問題に関する指導状況―調査結果」（1986. 2. 21）など，いじめ問題への対応がこの時期文部省から集中的に出されている。臨時教育審議会の教育改革に関する二次答申（1986. 4. 23）も『『いじめ』問題は，極めて憂慮すべき事態である」とし，「当面緊急の対応措置を講ずる」よう要請した。

とはいえ，文部省は，すでに1984年に「児童の友人関係をめぐる指導上の諸問題」と題する小学校教師用の指導書を配布し，いじめへの対応を強調していた。それ以前は不登校や校内暴力が生徒指導上の中心問題であり，それぞれ1966年，1983年から調査が行われてきた。1985年からは，いじめ調査が実施されはじめた。深刻化の一途をたどるいじめは，1994年（平成6年）に全学校（特殊教育諸学校を含む）の実態の把握が指示され，小学校で31%，中学校55%，高等学校38%の発生率であった。1校当たりの発生件数は1.4件だった。見落としてならないのは，いじめは，1980年代の初期には社会問題化するほど異常に多く発生していたことである。ＮＨＫが朝のワイド番組「おはよう広場」で「弱いものいじめ」をシリーズで放送したのが1983年であった。「放送直後から係りにかかってきた電話の量・内容ともそのすさまじさに，スタッフはただ驚き，あわて，対応するのがやっとでした。……視聴者からの反響がまるで水の輪が広がるように増えていきました」（遠藤，1984）。手紙2,500通，電話500通が寄せられる異様な反応だった。至る所でいじめが発生し，かつての子どものいじめとは質的に大きく異なることが，社会的に認識される契機になった。

埼玉県上福岡市で林賢一君がいじめにより自殺した事件は，このことを暗示する。ＮＨＫの「おはよう広場」放送の4年前，1979年のことであった。い

じめの背景に在日朝鮮人に対する民族差別があったことは，NHKの「ドキュメントにっぽん・壁と呼ばれた少年」や金（1980a，1980b）によって明らかにされた。しかし，いじめは民族差別問題にとどまるものではなかった。「賢一君の自殺は，日本の教育の荒廃現象が一人の朝鮮人三世の少年の上に集中的に具現され，少年を死に追いやったと結論づけることができるかもしれない。だからこの事件は，在日朝鮮人子弟に起こった『特殊』な事件ではなく，日本の社会に存在する『普遍的』な『教育上の事件』と捉えなくてはならないだろう」。金（1980a）のこの言葉は，いじめが1970年代後半には質的に大きく変貌し，のっぴきならない状況に陥っていたことを物語るものである。

2　いじめとは何か

いじめは，被害者となった子どもの心身や生活全般に否定的な影響を及ぼし，その被害は長期にわたる（坂西，1995；香取，1999，川上，2000）。抑うつ傾向を強める，自尊心を低下させる，他者に敏感にさせる，情緒的に不安定にする，学業不振にする，友達関係を困難にする，などである。最悪の場合には被害者を自殺にまで追い込んでしまう。それだけに，子どもの「悪ふざけ」「戯れ」としていじめを放置することはできない。いじめに対する正面からの取り組みが求められるとき，改めていじめとはどのような性質・特徴をもつものであるかを明らかにしなければならない。

いじめ調査を行うときには，オルヴェウス（Olweus, 1991）のいじめの定義を教示に用いることが多いようである（Smith & Sharp, 1994；Pellegrini et al., 1999；Shäfer et al., 2002）。具体例をあげよう。「別な子どもあるいは少年，または子どもグループあるいは少年グループが，ある子どもあるいは少年に対して汚いことや不愉快なことを言うとき，言われた子どもあるいは少年はいじめられているといいます。ある子どもあるいは少年がぶたれたり，蹴られたり，脅迫されたり，教室に閉じこめられたり，汚したノートを渡されたりするとき，だれもその子どもあるいは少年と口をきかなかったり，それに似たようなことが起こっているときには，これもいじめといいます。このようなことは，よく起こり得ることですが，いじめられている子どもあるいは少年が自

分自身を守ることは難しいことです。ある子どもあるいは少年が，汚いやりかたでくり返しからかわれるとき，これもいじめといいます。でも，同じ強さの2人の子どもあるいは少年がときおり喧嘩したり，あるいは言い争ってもいじめとはいいません」(Smith & Sharp, 1994)。

　いじめの定義は，いじめそのものの内容や被害の程度に大きな幅があるうえ，何を重視するかによって異なり（小島・井沢，2001），ひとつにまとめることは困難である。文部科学省と警察庁の公式的な定義を参考に見ておこう。「自分より弱いものに対して一方的に，身体的・心理的な攻撃を継続的に加え，相手が深刻な苦痛を感じているものであって，学校としてその事実（関係児童生徒，いじめの内容等）を確認しているもの，なお，起こった場所は学校の内外を問わないものとする」（文部省，1985）。「単独又は複数で，単独又は複数の特定人に対して，身体に対する物理的攻撃又は言語による脅し，いやがらせ，仲間はずれ，無視等の心理的圧迫を反復継続して行うことにより，苦痛を与えること」（警察庁，1985）。現在では削除されているが，「学校としてその事実（関係児童生徒，いじめの内容等）を確認しているもの」という定義は，教師・学校中心のあまりに一方的なもので，学校の性格を象徴的に表すものであったといえよう。

　ここで，いじめの性質・特徴を理解しておこう。いじめは，被害者，加害者，観衆，傍観者の4つの層から構成され（4層構造モデルについては第1章第2節で詳述する），仲裁者からの抑制作用と暗黙の支持者からの促進作用が介在するといわれる。この4層構造モデルは，加害者と被害者の二者のみでいじめが生じるのではなく，一見無関係な観衆，傍観者も事態を抑制したり促進したりする役割を果たすことを示し，場の力学を重視する点でいじめを現実に即して理解するのに有用である（森田，1995，2003）。いじめにはいくつかの重要な特徴があり，適切に対処するためにしっかり把握しておかなければならない。くり返し行われること，1人または複数の相手から否定的言動・傷害行為を受けること，意図的な攻撃であること，被害者は加害者より心理的身体的に弱者であること，グループないしは集団内で生じる現象であること，集団内の力関係（グループ・ダイナミックス）を背景に生じること，などである。

　程度・深刻さに違いはあるものの，いじめは日常的に起こり，きっかけもい

ろいろである（坂西，1997）。いじめの発生は，近年減少傾向にあるとの見方もあるが，他方でいじめと称されはするものの，いじめの範疇を超えるかに思われる凶悪な犯罪も起こっている。

　2003年7月7日に，沖縄県北谷町で中学2年生座間味勉君が，同じ学校の生徒らに殺害され遺棄された。「頭の骨が折れており，墓地の壁には飛び散った血痕とみられる跡もあり，金属製のパイプも押収された。現場に転がっていた木の棒やパイプで強く殴ったと見ている」（朝日新聞，2003.7.8）。マスコミでは，「いじめ」として扱われ報道されているが，いじめと呼ぶにはあまりに残忍な事件である。子どもや少年のいざこざやトラブルが，いじめとして一括りにして扱われることで，事の深刻さと事件の本質を見えにくくする危険はないのであろうか。

　いじめが社会問題化しはじめた1980年前後からすでに四半世紀近くたつ。当時小学生だった子どもたちは，今20歳代から30歳代になり，多くは子育てを担う親になっている。この間に「いじめ」は，子どもの間だけでなく，大人と子どもの間でも発生するようになってきた。親による幼児・児童の虐待だ。「容疑者（34）が，生後4ヶ月の次女〇〇ちゃんの胸などに電気コードを押し当ててやけどをさせた。……〇〇ちゃんが呼吸不全のため病院で死亡した。……病院に運ばれた際，肋骨や鎖骨計9本に数週間前のものとみられる骨折が見つかった……虐待の可能性がある」（朝日新聞，2003.12.13）。新聞を開くと虐待に関する記事が載っている。質的に変容した深刻ないじめを子どものころ身近に見聞きし，経験しはじめた30歳前後の親世代，この親世代に子育ての質的変化と虐待の多発を引き起こす何かが起こりつつあるというのだろうか。大人と子どもの境界があいまい化する今日，いじめは，再考・吟味されるべき時期にきている。

中野区の鹿川君事件（1986年2月1日）—葬式ごっこという生きジゴク—

　1986年2月1日の午後10時過ぎ、東京都中野区の中学2年の鹿川裕史君が首吊り自殺しているのが発見された。場所は盛岡駅前のターミナルデパートの公衆トイレの中だった。持っていた紙袋の表には友達2人の名前と、「このままじゃ「生きジゴク」になっちゃうよ」と遺書が書かれていた。盛岡市は父親の郷里に近く、「お前も死んだらこっちのお墓に入るんだと教えてたので、盛岡に来たのでは」と父親はコメントしている（毎日新聞, 1986.2.3）。

　鹿川君に対するいじめは2年生（1985年）の6月ごろから始まっていた。この時期の鹿川君は、遺書に名前のあった友達を含めた8人のグループと行動を共にし、グループの使い走りをする「ツカイッパ」であった。その後10月上旬ごろ、顔にいたずらがきをされるなど、いじめの標的となる。そして11月14日に「葬式ごっこ」が起きる。黒板の前に鹿川君の机を持ち出し、その上に鹿川君の写真が置かれた。さらに黒板には雲のような模様が描かれ、葬式の雰囲気を出していた。色紙の中央には「さよなら、鹿川君」と書き、そのまわりに丸く寄せ書き風に署名と追悼の言葉が書かれた。担任を含め4人の教師も色紙に署名していた。担任は「白紙の色紙に「何か書いてくれ」と言われて書いた、特に重視はしなかった」とコメントしている。寄せ書きの色紙は数日間にわたり2年A組から他のクラスに回されており、この葬式ごっこは準備されたものだった。12月中旬になるとグループ内に「いじめはやめよう」という声があがった。しかし3学期になると状況は一変する。1月8日の始業式の後、グループのほぼ全員からの暴行だけでなく、3年生からも暴行を受け、耳から血を流すなどのけがをした。鹿川君が他の友達と行った元旦登山を、グループからの離脱行為とみての制裁だったようだ。その後は学校を欠席しがちになり、1月30日が最後の登校となった。

　東京都教育委員会は担任を諭旨退職、葬式ごっこに加わった他の3人の教師と校長、教頭に対して減給、戒告の懲戒処分とした。いじめに関与していた生徒16人は書類送検となった。1986年6月23日、両親は中野区と同級生2人を相手取り、損害賠償を求める訴訟を起こした。1991年3月27日東京地裁は、いじめと自殺の因果関係を認めず、いじめの存在も否定した。この判決を不服とした両親は控訴し、1994年5月20日東京高裁で原告勝訴の判決がおりている。

第2節 いじめの諸相

1 日本におけるいじめの諸相

　わが国の学齢期の子どもたちにおけるいじめの問題は，1980年代以降，社会問題にもなり，今日まで常に深刻な問題として取り上げられてきた。いじめは，古今東西を問わず，どの時代や社会にもみられるものであるが，昨今の青少年のいじめは，単発的なケンカやいじわるではなく，長期にわたって持続し，陰湿化しており，子どもたちの心の発達にとって，きわめて重大な影響を及ぼしている。本節では，わが国における児童期・青年期のいじめの実態について概観する。

■——いじめの分類

　一般に「いじめ」という言葉で表現されるものを検討してみると，本当にいじめと考えられるものから，友人どうしのちょっとしたケンカやいじわるにすぎないようなものまで，多様な場合がみられる。また，いじめという事実は，いじめられた子どもの心の内面にある被害感という主観的な意識が基盤となっているため，客観的な行為と必ずしも一致しないという複雑な問題がある。
　深谷（1996）は，このようにあいまいに用いられている「いじめ」とその周辺概念を，表1-1のように分類・整理している。一般に，「いじめ」の定義として，①自分より弱い者に対して，一方的に，②身体的，心理的攻撃を継続的に加え，③相手が深刻な苦痛を感じている，という3つの条件があげられて

表1−1　いじめの分類と整理（深谷，1996）

種類	①喧嘩や意地悪	②「いじめ」	③いじめ非行
意味	社会化されていない攻撃性の発揮（問題解決の手段）	差別化・妬み・嫉妬から生ずるゲーム（利己的な行為）	非行行為
健康性	（健康性）どこでも発生する	（不健康性）日本に多発	（非行性）どの社会でも発生
特徴	日常的・発達的	ゲーム性　うっぷん晴らし	非行集団またはそれに近い集団による非行
行為	きょうだい喧嘩　喧嘩・悪口　意地悪　からかい	菌ごっこ　悪質な悪口　無視・仲間はずれ　嫌がらせ　落書き　物隠し	カツアゲ　暴力　使いパシリ　物を壊す　嫌がることの強制
期間	（単発的・短期的）	（長期的に持続）	
主たる発生期	（幼児期・小学校期に多発）	（小学校期が中心）	（中学校期に増加）
対象	相手は，その時の関係性の中で非のある子	ターゲットとなる子の特性　第1因子　弱者　第2因子　目障り　第3因子　劣等　第4因子　ハンディキャップ	

注）①から②，②から③へ移行することも，しばしばである。

いる。しかし，いじめとその対応について検討するためには，深谷も述べているように，そこに込められた意味，つまりその行為の目的や健康性にも注目する必要があろう。表1−1のようにとらえると，ここでわれわれが問題にすべきは，「いじめ」と「いじめ非行」であることが理解される。

2──わが国のいじめの実態

（a）いじめの発生件数

いじめ問題に関しては，毎年度末に，学校が認知したいじめの件数を文部科学省に報告する形で実態調査が行われている。この2002年度の調査結果によると，公立小・中・高校および特殊教育諸学校のいじめの発生件数は，22,207件であった（文部科学省，2003）。図1−1に示したように，いじめの発生件数は，1996年以降，減少しているものの，依然として憂慮すべき状況にある。

第1章 青少年のいじめの実態とその内容

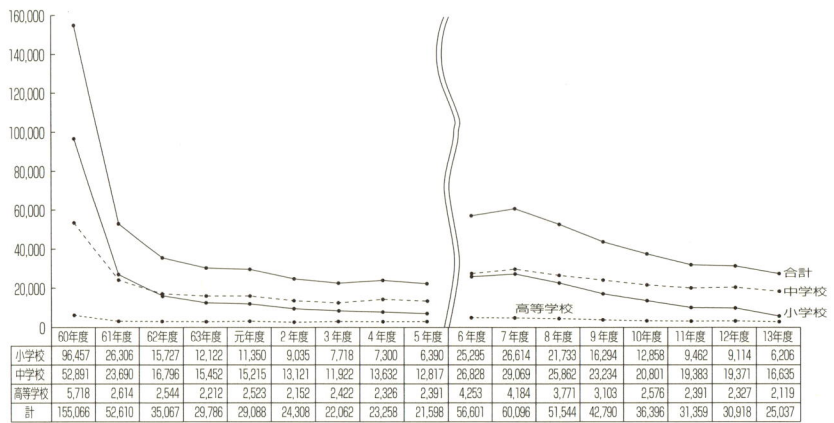

図1-1 いじめの発生件数の推移（文部科学省，2003）

注1）平成6年度からは調査方法等を改めたため，それ以前との単純な比較はできない。
注2）平成6年度以降の計には，特殊教育諸学校の発生件数も含む。

また，このいじめ件数の減少傾向については，教育関係者によると，教師が授業時間数の確保などに追われて多忙になり，いじめの行為が見えにくくなった可能性もあると考えられ，むしろいじめの実態は厳しくなっているととらえるほうが妥当であろう。

森田ら（1999）によって，全国規模のいじめに関する実態調査が報告された。この調査は，全国の国公立の小学5年生から中学3年生の児童生徒とその保護者，およびその学級にかかわっている教師を対象として，1997年1月に実施されたものである。回答の得られた6,906人の児童生徒，6,798人の保護者，2,211人の教師の結果を分析している。この調査は，代表性のある標本調査という点では，ノルウェー教育省が1983年に実施した調査についで，世界で2例目であるといわれている。以下に，このデータを紹介しながら，わが国のいじめの諸相について概観していきたい。分析結果の詳細は，『日本のいじめ―予防・対応に生かすデータ集―』（森田ら，1999）を参照していただければ幸いである。

（b）被害経験・加害経験の割合

いじめがどの位の割合で発生しているかは，いじめの対応を検討するうえで，

重要な問題である。図1-2に示したように，全国の小学5年生から中学3年生の児童生徒のうち，調査対象となった1996年度の2学期の間にいじめられた経験をもつ被害経験者は，全体の13.9%，いじめたことのある加害経験者は，全体の17.0%であった。また後述するように，いじめられた子どもが仕返しをしたり，他の子どもをいじめるなど，被害経験者と加害経験者には重複がみられる。

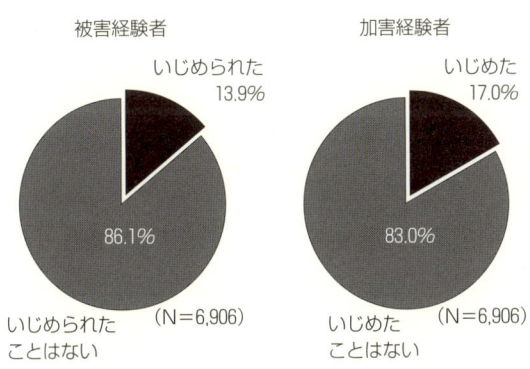

図1-2　被害経験率と加害経験率（森田ら，1999）

また，「いじめを受けたことがある」と答えた被害経験者は，男子13.1%，女子15.8%で，男子よりも女子のほうが多い。一方，「いじめたことがある」と答えた加害経験者は，男子18.4%，女子17.5%で，大きな差異はみられない。しかしながら，はじめに述べたように，いじめ問題は，「いじめ」という事実が，いじめられた子どもが「いじめられた」という被害感を感じるかどうかという主観的な世界を基盤にしているため，この数字の差だけで女子のほうがいじめの被害にあいやすいと結論づけることはできない。この結果は，女子のほうがいじめの被害を受けたと感じている者が多いことを示しているにすぎない。

(c) 学年別にみた変化

いじめによる被害の割合は，小学校平均で18.4%，中学校平均で12.0%である。

図1-3は，小学5年生から中学3年生までの学年別にみた被害経験率と加害経験率の変化を示したものである。このように，いじめられた子どもの割合

は，小学生のほうが中学生に比べて高く，学年が進むにつれて，減少している。また，いじめた子どもの割合も，小学生のほうが中学生に比べて高い。

　この数字からみると，学年が上がるにつれて，いじめも減少し，子どもたちは健全に発達しているようにみえる。しかしながら，中学校におけるいじめは，特定の子どもにいじめが集中したり，悪質な手口や深刻な被害がみられるケースが少なくなく，事態はかえって深刻さを増しているのが現状である。

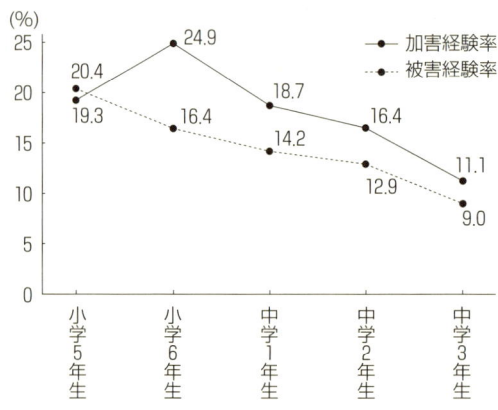

図1-3　被害経験率と加害経験率（学年別）（森田ら，1999）

3——いじめを受けている子どもの現状

　それでは，いじめ被害者の中身について，具体的にみていきたい。

（a）いじめ被害の頻度

　図1-4は，男女別にみたいじめ被害の頻度を示したものである。いじめ経験者のなかで，調査の対象となった1996年の「2学期に1回か2回」という，反復性の低いいじめの被害者は，約6割である。これに対して，「少なくとも週に1回以上」という反復性の高いいじめの被害を受けている子どもは3割にも上っている。また，この被害の頻度を，学年別に分析した結果，大きな差異はみられていない。

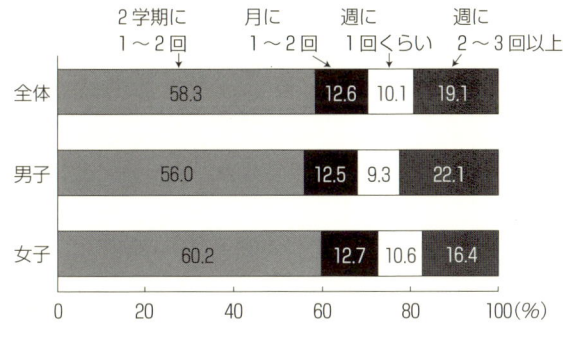

図1-4 被害頻度（性別）（森田ら，1999）

(b) いじめの継続期間

　いじめがどのくらいの期間，継続しているかは，いじめの深刻さを示す重要な指標である。図1-5は，男女別にみたいじめの継続期間を示したものである。1週間以内で終息する短期的ないじめは，46.4％であり，学期中あるいはそれ以上の期間にわたって続くいじめは，27.9％であった。このように，約半数のいじめは，1週間程度で終息しており，一過性のものである。しかし，「1年くらい」または「1年以上」にわたって続くいじめも10％以上認められることは，重大であるといわざるを得ない。また，図1-6に示したように，学年が進むにつれて，いじめの継続期間は長期化していることも重要である。

　それでは，いじめの頻度と継続期間には，関連がみられるのであろうか。図1-7は，いじめの頻度と期間の関連を表したものである。これより明らかに，

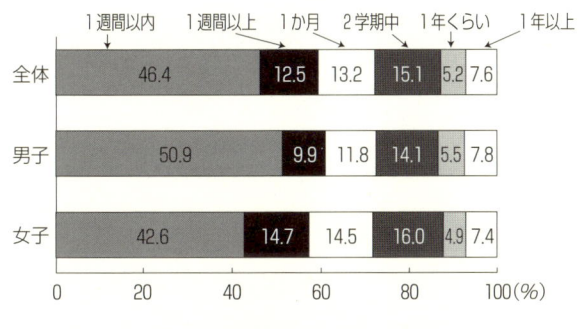

図1-5　いじめの継続期間（性別）（森田ら，1999）

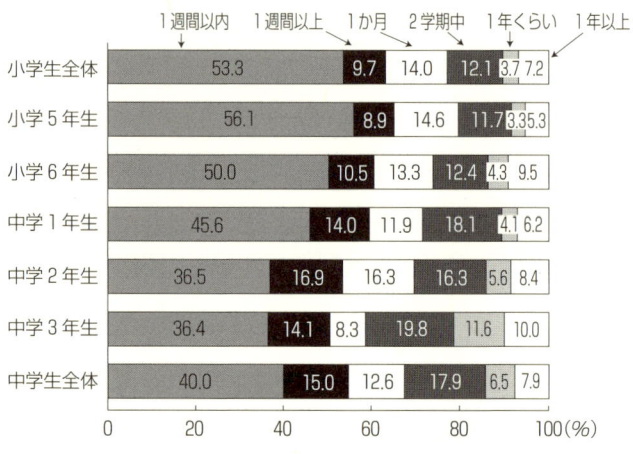

図1-6　いじめの継続期間（学年別）（森田ら，1999）

いじめられる頻度が高くなるにつれて，長期にわたっていじめられるという実態が認められる。このことは，男女，小・中学校共通にみられる傾向である。つまり，週に何度もいじめられている子どもは，長い期間にわたっていじめられている可能性が高い。頻度の高さは，いじめ被害長期化のサインであるとともに，後述するようにクラスの中に，いじめ集団の4層構造化（森田，1986，p.17参照）が進んでいるサインでもある。このような深刻ないじめについては，5で述べる。

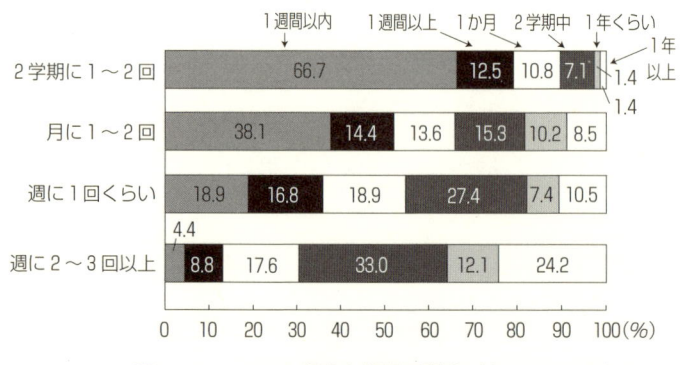

図1-7　いじめの頻度と期間の関連（森田ら，1999）

第2節 いじめの諸相

(c) いじめの方法

いじめを受けた子どもは，どのような方法でいじめられているのであろうか。図1-8，図1-9に示したように，小学生，中学生とも，悪口・からかい，無視・仲間はずれが多い。これらの手口は，いじめそのものやいじめによる心理的ダメージがとらえにくいため，「いじめ」の事実をはっきりと把握できないおそれも少なくない。

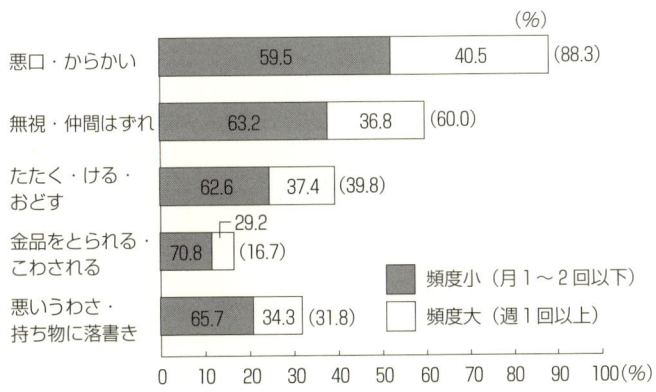

注）（ ）内の数値は，学期中にそれぞれのいじめを受けた子の割合。
「被害あり」（N=959）から「無回答」を除いた人数を母数としている。

図1-8　いじめられた手口（小学生）（森田ら，1999）

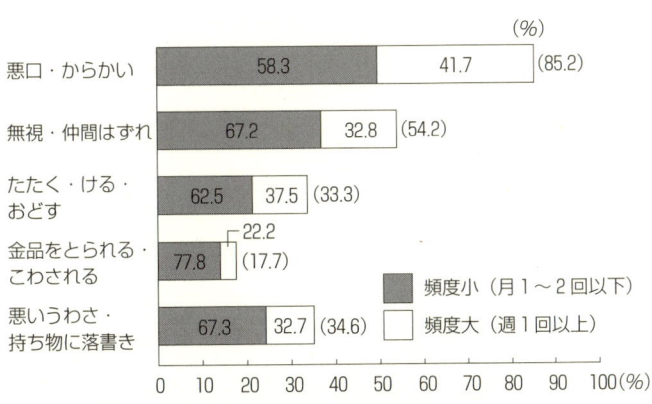

注）（ ）内の数値は，学期中にそれぞれのいじめを受けた子の割合。
「被害あり」（N=959）から「無回答」を除いた人数を母数としている。

図1-9　いじめられた手口（中学生）（森田ら，1999）

(d) いじめられた時の対応

いじめられた時，どのように行動したかについては，図1-10に示したように，男女で相異がみられる。いじめられた時の行動として，最も多いのは，男女とも「気にしないふり」をしたというものである。これに次いで，男子では，「やめてくれと言った」「やり返した」であり，女子では，「友達に助けを求めた」「泣いた」である。男子は，積極的な対処行動，女子は，消極的な対応であるという特徴がみられる。また，男女とも「先生に助けを求めた」という行動がかなり少ないことも注目すべきである。

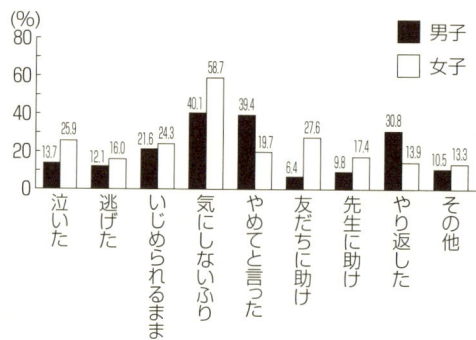

図1-10 いじめられたときの行動（性別）（森田ら，1999）

(e) 被害者と加害者の重なり

図1-11は，いじめられたことがあり，いじめたこともあると回答した「被害加害者」の児童生徒の実態を示したものである。このような被害加害者は，男子よりも女子のほうがやや多く，中学生よりも小学生のほうが多い。小学生のほうが，立場が固定化しないいじめが多いことが認められる。

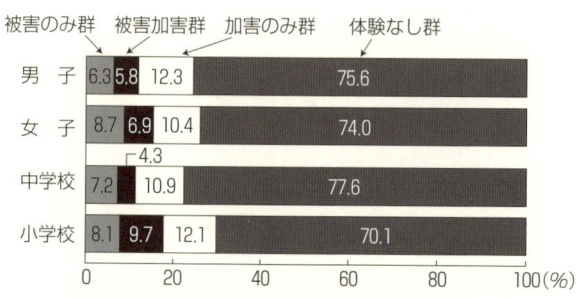

図1-11 被害者と加害者の重なり（森田ら，1999）

図1-12は，被害・加害経験別にみた「クラスの雰囲気」である。「みんなと調子を合わせないと嫌われると思っている人が多い」という項目に，「そう思う」と回答した者の割合は，被害加害者が最も高いことは注目すべきであろう。

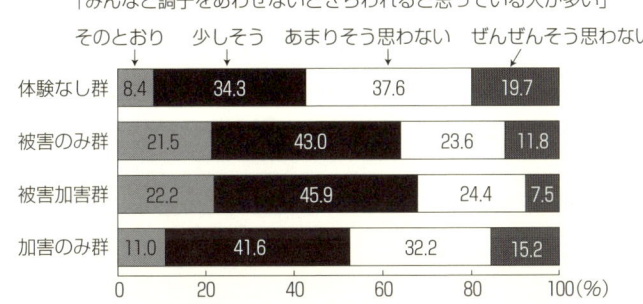

図1-12 被害加害経験別にみた「クラスの雰囲気」（森田ら，1999）

4——いじめ集団の4層構造

いじめは，「いじめる子」（加害者）と「いじめられる子」（被害者）の関係でとらえられることが多いが，現実のいじめはこの二者に，いじめをおもしろがって見ている子どもたち（観衆），見て見ぬふりをしている子どもたち（傍観者）も密接にからまり合ったなかで起こっている。森田は，この状況を「いじめ集団の4層構造」とよび，図1-13のように表している（森田・清永，1986）。

この図に示されたように，現代のいじめ集団の構造は，「加害者」「被害者」

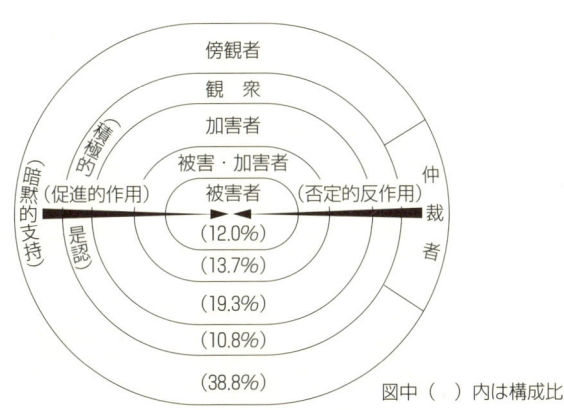

図1-13 いじめ集団の構造（森田・清永，1986）

「観衆」「傍観者」という4層構造から成っており，「しかも，『観衆』と『傍観者』はいじめを助長したり，抑止する重要な要素である。いじめが誰に，どんな手口で，どれだけ長く陰湿に行われるかは，加害者にもよるが，同時にかなりの数にのぼる『観衆』と『傍観者』の反応によって決まってくる」。しかもこれらは「固定された役割ではなく，『観衆』や『傍観者』は常に『被害者』にまわる可能性があり，時には『加害者』へと変身することもある」（森田・清水，1986，p.30）。上記の図1－11，図1－12は，その実態を示したものである。特に，図1－12の結果は，このような立場の入れ替わりが被害者に陥ることへの不安感を醸成しており，なかでも被害加害者がこうした不安感が最も高いことを示すものである。

5──深刻ないじめ

いじめの問題で最も重要であり，適切な対応が必要とされるものは，頻繁にかつ長期にわたっていじめられる場合である。すでに3－(b)および図1－7で述べたように，高頻度被害者と長期被害者の約6割が重複しており，このような長期にわたって頻繁にいじめられている「深刻ないじめ」の被害者は，被害者全体の約2割を占めていた。図1－14に示したように，中学男子では，特にこの割合が高い。深刻ないじめの多くは，クラス内で発生し，いじめる人数

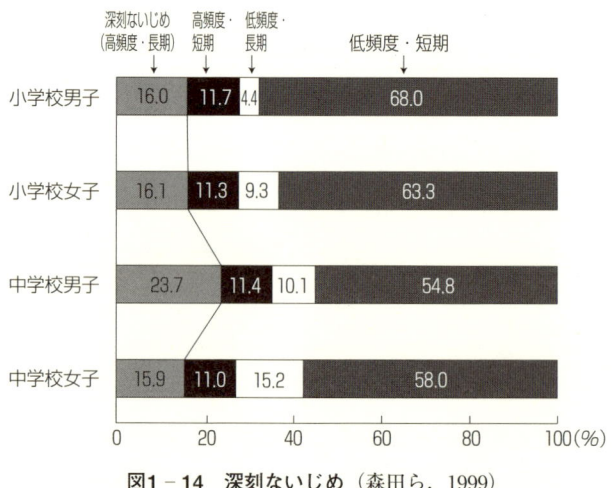

図1－14　深刻ないじめ（森田ら，1999）

も多い。このようなクラスでは，いじめ集団の4層構造化が進んでおり，クラス全体にいじめを容認する雰囲気があると思われる（森田ら，1999）。

　森田らの調査によると，教師は一般にいじめによく対応しており，効果も高い。しかし，深刻ないじめでは，教師の対応の効果が上がっていないことが多い。また，クラスメートがいじめをなくそうとする割合も少なく，その効果も上がっていないことが報告されている。このこともまた，クラスの中にいじめ集団の4層構造化が進行しているためであると考えられる。

　わが国におけるいじめの諸相をとらえるには，いじめられる子どもたちの現状のみでなく，そうした子どもたちの心理的側面，さらにいじめる側の現状，教師や親の対応の実態についてもみていく必要がある。これらについては，本書の第2章以降で取り上げることにする。

2　海外におけるいじめの諸相

　日本における学校のいじめの問題は，1980年代半ばに，メディアによって人々の関心を集めはじめ，それ以来，ここ20年近く絶えず深刻な問題として対策が試みられている。当初，いじめは，わが国特有の問題であり，その主な原因は，「受験戦争」や「集団主義」といった日本社会を特徴づけるものと深く関係していると考えられていたといっても過言ではなかろう（たとえば，森田・清永，1994）。しかし，ノルウェーやスウェーデン，イギリスなどをはじめとして，海外でもいじめ問題が存在していることが，近年になって日本でも認識されるようになった。現在では，世界的な問題として深刻化が訴えられている。

　ここでは，欧米，オセアニアの国々を中心に，実証的研究をもとに海外でのいじめの実態とその心理的影響を述べることにする。

🔳——発生頻度

　日本よりも一足先にいじめの問題が社会問題として認識されたのは，ノルウェーである。1983年に，いじめ防止全国キャンペーンの一環として行われた

調査によると，対象者（7歳〜16歳）約130,000人のうち，時々（"now and then"）いじめを受けていると答えた者は，約9％，いじめていると答えた者は，約7％であった（Olweus, 1991）。また，被害・加害の両方の経験があると答えたのは，全体の約1.6％であった。その後，いじめの介入プログラムが実施され，20か月後には，いじめの被害者が約半分に減少したと報告されている（Olweus, 1991, 1999）。

　イギリスでは，1990年に中等学校生（8歳〜11歳）と高等学校生（11歳〜16歳）を対象にいじめ調査が行われた（Whitney & Smith, 1993参照）。そこでは，対象者6,758人（8歳〜16歳）のうち，時々もしくはそれ以上の頻度でいじめを受けていると答えた者は，中等学校生の27％，高等学校生の10％。いじめの加害者は，それぞれ12％と6％であった。

　フィンランドでは，1997年に，14歳から16歳の高等学校生16,410人を対象に行われた調査で，女子の5％，男子の6％が，少なくとも，週に1回の割合でいじめられ，女子の2％，男子の9％が，少なくとも，週に1回の割合でいじめをしていると報告されている（Kaltiala-Heino et al., 1999）。

　オーストラリアでは，9歳から18歳の初等・高等学校生徒5,448人を対象に行われた調査で，年齢層によってばらつきはあるが，4％から10％の生徒が週に1回もしくはそれ以上の割合でいじめた経験があると答えている。また，4％から25％の生徒がいじめられた経験があると答えている（Rigby, 1997）。

　アメリカでは，1998年に世界保健機構（WHO）が行った多国間研究の一部として次のようないじめ調査の結果を報告している。つまり，対象となった15,686人（6年生〜10年生）の生徒のうち，10.6％が時々，8.8％が最低週1回もしくはそれ以上，いじめ被害の経験があると答え，一方，8.5％が時々，8.4％が最低週1回もしくはそれ以上，いじめ加害の経験があると答えている（Nancel et al., 2001）。

　それぞれの国によって，いじめの定義や調査方法が多少異なっており，正確な各国間の比較は難しいが，多くの国々にいじめ問題が存在しており，深刻な問題となっているという共通点がある。ここに紹介した国々は，いじめ問題の存在する数多くの国々のごく一部にしか過ぎない。いじめの問題は深刻化しており，時には，自殺といった致命的な結果をもたらすケースもある。そういっ

たなかで，欧米では，早くからいじめ被害者・加害者とその心理的・身体的影響の関連を検討する研究が数多くなされており，いじめ問題が子どもの発達過程に与える影響は多様で深刻であることが示唆されている。そこで，次に，いじめ・いじめられ経験が及ぼす心理的影響はどのようなものかについて，海外での研究をいくつか紹介する。

2 ── いじめ・いじめられ経験が心理的問題に及ぼす影響

（a）ストレスとの関係

8年生から11年生（13歳～16歳）の生徒を対象にしたイギリスの研究によると，いじめられ経験があると答えた生徒（全体の43%）のうち，約80%がいじめをストレスと感じていると答えた（Sharp, 1995）。また，いじめられ経験のあった生徒の44%がいじめに対してイライラ感を感じ，35%がパニック的もしくは，緊張した気持ちを持ちつづけ，32%がいじめられ経験をよく思い出すと報告している。なかには，集中力に欠けたり（29%），体に異常を訴える（22%）生徒もいた。いくつかのいじめの手口のうち，「うわさを広める」ことによるいじめに関して最も強いストレスを感じていることがわかった。そして，女子が男子よりも，低学年の生徒が高学年の生徒よりも，それぞれ高いストレスを感じていることが明らかになった。

（b）抑うつ的傾向との関係

抑うつ的傾向との関連を検討する海外の研究は，数多くみられる。まず，アイルランドで行われた研究（10歳～12歳を対象）によると（Callaghan & Joseph, 1995），いじめられ経験のない子どもに比べてその経験のある子どもが，有意に抑うつ的傾向で高い得点を示した。フィンランドでは，カルティアラらが（Kaltiala-Heino et al., 1999 ; Kaltiala-Heino et al., 2000），いじめ・いじめられ経験とさまざまな心理的・身体的症状との関連を検討する研究をすすめている。そのなかで，高等部学校の8年生・9年生（14歳～16歳）を対象に行われた1997年の調査（参加者17,643人）によると，いくつかの心理的症状のなかでも抑うつ的傾向との関係が最も高く，なかでも，いじめ・いじめられ両方の経験がある生徒が最も強い抑うつ的傾向を示した。カナダでは，クレイグ（Craig, 1998）が5年生から8年生の生徒546人を対象に実施した調査で，

いじめ被害の経験があった生徒がほかの生徒に比べて最も高い抑うつ的傾向の得点を示し，アメリカでは，ヘイニーら（Haynie et al., 2001）の行った調査（中等学校生4,263人を対象）で，いじめ被害・加害両方の経験のある生徒が抑うつ的傾向が最も強いという結果が得られた。リグビー（Rigby, 2000）によるオーストラリアの研究では，高等部学校の845人（12歳～16歳）が対象となり，そこでも，いじめ被害経験と抑うつ的傾向の間に有意な関係が認められた。

以上のように，いじめ被害者だけでなく，いじめ被害・加害両方の経験のある子どもたちにも，強い抑うつ的傾向がみられることがわかる。

(c) 不安との関係

不安との関連を検討した研究もいくつかある。フィンランドでは，カルティアラらの調査で（Kaltiala-Heino et al., 2000），いじめにかかわった生徒が，かかわった経験のない生徒より不安傾向が強く，なかでも，いじめ被害・加害両方の経験のある生徒が最も高い得点を示した。カナダの調査では，いじめ被害経験者，いじめ被害・加害両方の経験者の順で，不安傾向との高い関連が報告されている。オーストラリアの調査でも（Craig, 1998），いじめ被害経験者が最も高い不安傾向の得点を示した。

抑うつ的傾向と同様，いじめ被害者といじめ被害・加害両方の経験者に強い不安傾向がみられることがわかる。

(d) 自己概念（self-concept）との関係

自己に対する認識との関連を検討した研究は数多くみられ，そのなかには，自尊感情（self-esteem）や自己価値（self-worth）が含まれる。ここで再び，キャラガンらの行ったアイルランドの調査によると，いじめ被害経験者は，自己への肯定的な評価が低いという結果が得られた（Callaghan & Joseph, 1995）。一方，オーストラリアでも，いじめられる傾向のある生徒は，自尊感情が低いことがわかった（Rigby & Slee, 1993）。ここでは，高等部学校の生徒（12歳～18歳）1,162人が対象となり，男子よりも女子が自尊感情は低かった。

以上のように，いじめ被害者と自尊感情における関係は，比較的一貫した調査結果が得られている。つまり，いじめ被害者は，ほかのグループに比べ，低い自尊感情をもつ傾向があるということである。しかし，一方，いじめ加害者と自尊感情との関係は，研究によってわかれている。たとえば，アイルランド

のオ・ムーアの研究（O'Moore, 2001）が示すように，いじめ被害者同様，いじめ加害者も低い自尊感情をもつという結果を報告するものもあれば，オーストラリアのリグビーらの調査（Rigby & Slee, 1993）が示すように自尊感情と関係をもたないとするものもある。

(e) 孤独感との関係

アメリカのナンセルらの調査（6年生から10年生の15,686人を対象）では，いじめ被害経験者，いじめ被害・加害両方の経験者の順に，強い孤独感を示した（Nancel et al., 2001）。ジュボネンら（Juvonen et al., 2001）やクリックとビッグビー（Crick & Bigbee, 1998）の研究でもいじめ経験者に強い孤独感がみられるという結果が得られた。

(f) 精神身体的症状との関係

身体的症状との関連からいじめを検討した研究もいくつかみられる。フィンランドのカルティアラらは（Kaltiala-Heino et al., 2000），1997年に実施した調査（14歳～16歳の17,643人を対象）で，いじめに関与したことのない生徒に比べて，いじめ被害経験者，いじめ加害経験者，そして，いじめ被害・加害両方の経験者が身体的に何らかの異常を多く示していることを報告している。性差に関しては，女子のほうが，いずれにおいても高い身体の異常を示した。症状としては，肩・腰・腹部の痛み，緊張感，イライラ感，寝つきの悪さや夜中に目が覚めるなど，また，頭痛やその他の疲れが含まれた。オーストラリアのリグビーの調査でも（Rigby, 2000），いじめ被害経験と身体的症状との間に高い相関がみられた。

(g) 摂食障害との関係

フィンランドのカルティアラら（Kaltiala-Heino et al., 2000）は，摂食障害との関係からもいじめ問題を検討している。そこでは，どのグループにおいてもその割合は低かったが，女子・男子ともにいじめ被害・加害両方の経験のあるグループに最も食欲減退の傾向があることがわかった。

(h) 自殺念慮との関係

最近の研究では，自殺念慮との関連からいじめを検討するものもある。オーストラリアでは，12歳～18歳の高等部学校の生徒が対象となった調査で（Rigby & Slee, 1999），フィンランドでは，14歳～16歳の高等部学校の生徒

が対象となった調査で（Kaltiala-Heino et al., 2000），それぞれ，検討された。それらによると，ともに，いじめ被害経験者，いじめ加害経験者の両方に高い自殺願望がみられた。また，フィンランドの調査では，いじめ被害・加害両方の経験のある者が最も強い自殺願望があることが明らかにされた。

　元来，いじめと心理的症状との関係を検討した多くの研究が，いじめ被害者に焦点をおき，その被害者と精神的不健康との有意な関係を訴えてきたが，ここ最近では，このように，いじめ被害者だけでなく，いじめ加害者にも自殺願望などのような心理的症状が強くみられるという結果を報告する研究がでてきている。

3──事例とまとめ

　次に，いじめが原因となって実際に起きたカナダでの一事例を紹介しよう。

【事例】2000年3月11日の夜，カナダ，ブリティッシュ・コロンビア州の14歳の少年が暗闇のなか，橋から飛び降り自殺をした。背中には，リュックに石をいっぱいに詰め込んでいた。次は，自殺の数時間前に彼が自分の部屋に残したとされる7ページにわたる手紙の一部である。

「親愛なる母と父へ
　まず，はじめに……，お母さん，お父さん，心から愛してるよ。でも，ぼくがなぜ自殺をしなければならなかったのか，おそらく理解できなかっただろうな。……いろんなことがあり，自分なりに対処しようと試みたけれど，もうこれ以上できない。……それは恐ろしくて。毎日，いじめられて，いじめられて，みんながぼくをゲイとか，同性愛野郎，同性愛者と呼んで，ぼくは，そのたびに，いつも気にしていないそぶりをしていた……でも，心の中では，泣いていた。それは，ぼくの心をとても傷つけ……，だってぼくは，ゲイじゃなかったんだ。まわりがそんなふうに呼んでも，ぼくの友達は，決して味方になってくれなかった。彼らは，ただ笑っていた。ぼくは，みんながそんなふうに呼ばないように，毎晩，神様に祈ったよ。……わかってるよ，（お母さんもお父さんも）ぼくのいなくなるの悲しむこと。そして，ぼくのこと許さないだろうな。でも，（だれも）理解してくれないだろう。ぼくもこんなことするのいやだよ。本当に，本当に，自分がいやになる。でも，ほかに道はないんだ。
　自分の部屋，汚くしたままだってことわかってるよ。きれいにしたければ，きれいにしてね。でも，どうか，（ぼくのもの）なんにも売ったり，どこかに捨てたりなんかしないでね。たとえ，もう，ぼくはそこにいなくなったとしても，その部屋は，ぼくのままであってほしい。そうあるべきなんだ……。

第2節　いじめの諸相

　　お母さん，お父さん，愛しているよ。どうか，どうか，学校の人々に，ぼくがどうしてこんなこと（自殺）したのか伝えてください。ほかの人には，ぼくがやったこと（自殺）やってほしくない。
　　お母さん，ぼくが死んだあと，どうかお願いだから，学校に行って，いじめは大きな結果をもたらすということを生徒に話してきてください。そして，もう泣かないでって伝えてください。それが，ぼくの望みなんだ。みんながぼくがこうやって言っていることを聞いてくれることを望むよ。どうか，ぼくの墓にはしょっちゅう来てね。そうすれば，ぼくも，さびしがらずにいられるから。」
　　（以上は，2001年3月13日・14日にCBCニュースで放映された番組をもとに筆者がまとめたものである。）

　この手紙から，少年がくり返しいじめを集中的に受けていたことがわかる。自分なりに，何度もいろんな方法でいじめに対する対処を試みるが，うまくいかない。友達からも，なんの助けももらえず，むしろ，彼らも一緒になって，少年がいじめられているのを笑っている。そこで，少年ができたことは，ただ，気にしていないふりをして，その場をしのぐことだった。また，家族に相談を持ちかけることもできず，少年の心の傷は深まるばかりである。だれからも助けを得られず，一人ぽつんと取り残されたような孤独感と望みのない状態に陥り，何もできずにいる自分に焦燥感や不安感をおぼえる。そして，悲観的感情が支配的になってくる。まさしく，抑うつの状態ではなかろうか。そんな状態に耐えることができなくなり，結局は，究極の方法に身をゆだねることしかできなかったのかもしれない。

　この項で紹介した，心理的要因との関係からいじめの及ぼす影響を検討した海外の研究の多くは，いじめと心理的要因との相関関係をみたものであり，けっして因果関係をみたものではない。したがって，上にあげた抑うつ的傾向や自尊感情，そして，不安などの要因は，いじめが及ぼす心理的要因とは言いがたいかもしれない。しかし，その因果関係の可能性はおおいにある。これからは，これらの研究をもとに長期的な研究や事例研究を加えて，さらに意味あるものを生み出していくことが課題となるだろう。いじめが与える影響は，何なのか，そしてそれは，どのような過程を経るのか。このように，いじめの本質を探るには，上記のような，具体的な実際の個々の事例を丹念に吟味して，問題の解明にあたることが望まれる。世界中でいじめ問題が深刻化する今，その問題の本質なるものを引き出す綿密な研究が必要とされる。

Column ② 諸外国のいじめの現状①―韓国

2001年7月、ソウル市内の女子中学生が友達にEメールを送った。「先輩が怖くて死にそうだ…今日自殺するんだ」と。翌日、彼女は飛び降り自殺をした。6月にも8回にわたって自殺をほのめかすメールを送っていたという。警察は、これまでに複数の上級生から3～4回にわたり3万5000ウォン（約3500円）を盗まれたことも明らかにした（朝鮮日報, 2001. 7. 12）。いじめ問題が深刻なのは韓国も日本と同様なのである。韓国のいじめが国際的に注目されたのは「ワンタ」という造語が出てきた1998年ごろからと思われる。ワンタとは徹底した仲間はずれを意味している。この時期には警察がいじめに対して「子どもを安心して学校に送る運動」を展開するほど深刻化していた（石坂, 2000）。現在の韓国では、いじめを暴力問題のひとつとしてとらえている。

韓国で多いいじめの類型を調べた李（2000）によると、男子中学生では「遊びのようにお金や物を取り上げる」など肉体的な被害と金品関連被害が、女子では「しつこく悪口を言う」など精神的な暴力の比率が高かった。さらに李（1998）によると、女子中学生はいじめの口実に「いばる」を、男子中学生は「おもしろいから」を使っていた。しかし、被害生徒はいじめられた理由として、男女ともに「理由なく」と回答する比率が高かった。ただし、「理由なく」を除くと、女子で最も多かったのは「お金がないから」であった（17.9％）。いじめられた後の気持ちとしても女子の39.4％が「死にたかった」と答えていた。冒頭で紹介した事件も、お金と死が関連したいじめである。お金がいじめと生命の尊厳に影響しているとすれば、遊びや自己満足のために非合法的手段も辞さない子どもの存在とその社会的背景が懸念される。

李（2000）は、いじめの原因となる背景として次の事項を指摘している。核家族制度による家庭教育機能の弱化と親のしつけの甘さ、受験競争中心化による利己主義的生活態度、失敗した生徒の孤独な心理と劣等感、長期緊張からの逃避、産業化による地域社会の共同体関係が断絶、またそれにより倫理や道徳心が忘れられていったことなどである。いずれも日本のいじめの場合と類似しているが、とりわけ儒教思想に基づいた伝統的な社会や家庭の崩壊は、韓国において重大な問題と思われる。

現在、「チプタン・タドリルム（村八分程度の意味）」「チプタン・ケロッピム（集団で苦しめるの意味）」など新たな造語も使われている（水野, 2003）。この傾向は、韓国のいじめ問題が沈静化していないことを物語っている。世界各国では、宗教の戒律が子どものしつけの根拠になってきた（小室・色摩, 1997）。韓国でも、いじめ対策の基礎として儒教思想の回復を期待する声が多いのではないだろうか。

Column ③

諸外国のいじめの現状②──中国

　日本と同じように，中国にもいじめ問題が存在する。しかし，日本のように表面化，または，深刻化していない。ここでは，中国のいじめの現状について，日本と比較しながら検討したいと思う。

　中国のいじめは身体的いじめと精神的いじめとに分けることができる。身体的いじめは小・中学校で，ほとんど男の子の間に存在する。しかし，中国のいじめは，いじめる側といじめられる側が，自分がいじめをしていることを認識していない。教育現場の監視者である教師たちさえも，ときどきいじめていることを認識していないかもしれない。中国語では，「いじめ」という言葉がないことから，このような事情がわかるであろう。特に，小学生ごろのいじめは，ふつうの遊びの一種，あるいは，いたずらの一種と一般の人たちは考えている。また，いじめられる側も，いつも黙っているわけではない。自分が反攻できない場合，両親や先生に報告することもよくある。

　高校に入ると，身体的いじめ現象はほとんどみられなくなる。高校時代は受験勉強に忙しくなっている一方，学生たちは精神的に成熟してくる。他人をいじめるのは，子どもっぽい行為だと見なしている。

　日本のいじめ問題が深刻化，表面化したのは，日本が世界の経済大国になったあとのことであろう。中国国内でも，経済の発展が早い沿岸地域は内陸地域より，精神的病気にかかっている子どもが近年より多くなっている。だから，いじめは，経済面と教育の発展に関係があるのではないかと考えられる。日本の独特の「会社」文化により，男性の労働時間はほかの国と比べずっと多く，家族と一緒にすごす時間が少ない。子どもの成長期に母親が主に教育する責任を負ってしまう。中国は日本と違って，男女共に仕事をしているが，終業時間になったらすぐに家に帰るのがふつうである。平日の夜と週末は家族みんなで楽しむ家庭が多い。そのため，親は，子どもと交流する時間が十分とれる。家庭内の交流，親子関係はたいへん重要なことだと思う。

　また，教育方法がいじめ問題にも関係していると思う。日本の教育方法は戦後一新し，アメリカ式の教育方法が導入された。中国は，全体的にみると，まだまだ大学の数が少なく，大学に入る人の数も少ない。だから，親たちは，子どもを大学に入れるために，きちんと勉強時間，勉強内容を決め，時には体罰も躊躇しない。勉強に専念する学生は，いじめをすることを考える時間さえないであろう。先生は学生の学習だけではなく，生活，思想まで（中国では，徳，智，体という）管理する。いったんひどいいじめがあったら，すぐに先生が介入し，場合によっては，両親に連絡することもしばしばある。

第3節 いじめ被害経験による心の傷

1 いじめによる心の傷―日本の場合―

1──学校生活におけるストレス

　カウンセリング室にはいっていくと，A子の姿が目にとまった。背を丸め，下を向いてちょこんとソファーに座っている。あたかも外部の攻撃から身を守ろうとするかのように，彼女の身体は丸く，硬くなっている。担任教師から得た情報により，彼女が級友からのいじめを受けたことはわかっている。いったいどれほど多くのつらい言葉や批判，あるいは暴力を経験したのだろう。彼女の身体は，外部の「攻撃」から自分を守る姿勢を学習してしまっていた。

　なんとか接点をもとうとしても，彼女は再び身体を縮めて，「防衛」の姿勢にはいってしまう。A子は，カウンセラーが何かを言うたびに身体を硬直させる。ごくありふれた質問が，彼女にとっては大変なストレスであり，苦痛だった。

　現代社会がストレッサーに満ちていることを考えれば，学校だけがその例外とはいかない。学校生活にも，ストレスはつきものである。ストレスのまったくない温室状態は，むしろ不自然であろう。ほどよいストレスには積極的な意義があるともいわれる（町沢，1988；宅，2002）。しかし，子どもたちの対応できる水準を超えるストレスが与えられた場合，後に示すような深刻な影響が現われてくる。

　児童は学校で，どのような種類のストレスに苦しむのだろうか。長根（1991）は小学校4，5年生の児童のストレスを調査して，4因子からなる心

理的ストレス尺度の作成を試みている。その4因子とは，Ⅰ主として友達との関係に関する因子，Ⅱ授業中の発表に関する因子，Ⅲ学業成績に関する因子，Ⅳ失敗に関する因子である。そしてこれらのうち，第Ⅰ因子の「主として友達との関係に関する因子」では，学年，性差にかかわりなくどの児童も高い心理的ストレスを受けていた。中学生に関しても，岡安ら（1992）が，中学校で生徒が経験するストレスを調査し，因子分析を反復して最終的に4因子を決定した。それらは，Ⅰ教師との関係，Ⅱ友人関係，Ⅲ部活動，Ⅳ学業であった。友人関係についての質問項目は，「誰かにいじめられた」「クラスの友だちから仲間はずれにされた」「友だちとけんかした」などであった。このように，学校生活にかかわるさまざまな心理的ストレスのなかでも，友達関係は重要である。

中学生を対象として調査した三浦（2002）によると，学年初めの時期には，約62％の中学生が何らかの友人関係のストレッサーを経験しているという。友人にはもともと，ストレスを経験した時にそれを共有し，軽減してくれる（福岡，2000）という重要な役割がある。いじめでは，その頼るべき友人が逆に，ストレスの原因を作り出してしまうことさえあるのである。

森田ら（1999）は，全国の小学5年生から中学校3年生までの8,096人におよぶ児童生徒とその保護者およびその学級に関与している教師を対象に，1997（平成9）年に調査を行っている。それによると，仲のよい友達にいじめられた後の気持ちとして，図1-15，図1-16のような結果を得ている。この章を執筆した竹村（1999）の解説によれば，「いじめられて気持ちや考え方がどう変わった」かについて，最も多くあげられているのは「いじめた人に腹が立ち，憎らしくなった」というものであり，これに続いて，「不安，心配になった」「学校に行きたくなくなった」「つらくて落ち込んだ」が多くなっている。特に女子では，「学校に行きたくなくなった」との回答が多い（小学校では，仲のよい友達の場合で48.0％，それ以外の子の場合で37.9％。中学校では，それぞれ60.6％，45.3％）ことに，竹村は注目している。なお，男子の場合は，同じ質問に対して小学校でそれぞれ，26.7％，26.3％，また中学校で24.4％，23.4％にとどまっている。いずれにしても，いじめは子どもたちにきわめて強いストレスを与えているといえよう。

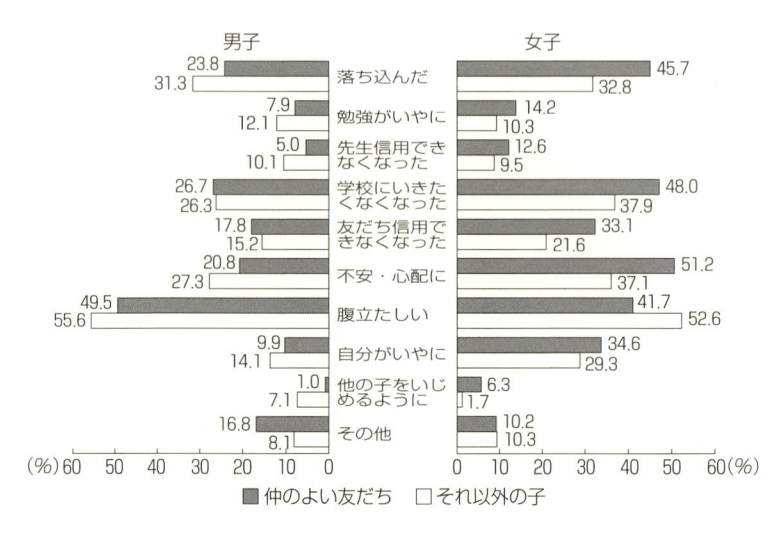

第1章 ■ 青少年のいじめの実態とその内容

図1-15 仲のよい友だちからいじめられた後の気持ち（小学校）（森田ら，1999）

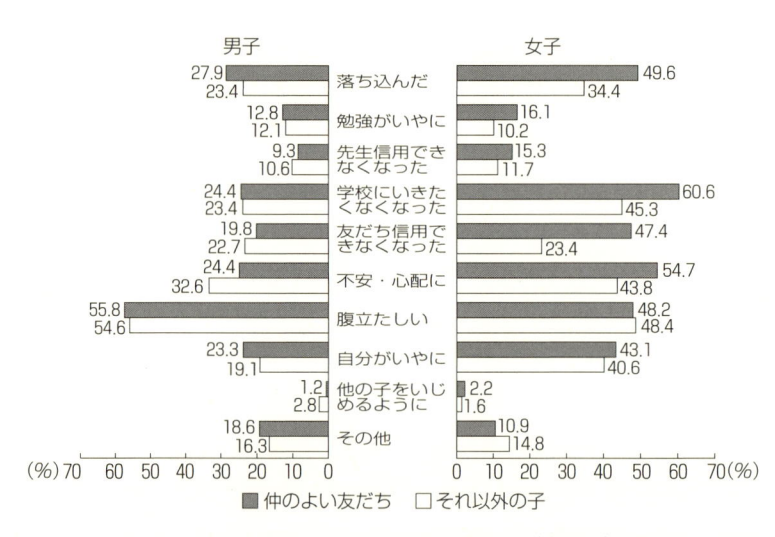

図1-16 仲のよい友だちからいじめられた後の気持ち（中学校）（森田ら，1999）

2 ── いじめによって心の受ける「傷」

いじめによる心の「傷」という言い方が，よく用いられる。心に本当に傷がつくわけではない。しかし，たとえとしては傷が確かにわかりやすい。

つまり，身体には自然治癒力がある。しかし，その自然に備わった力を発揮させるためには，回復を外部から助けていく必要がある。殺菌や消毒とはそういうことであろう。また，こうした処置を怠ると重大な事態に陥る可能性もある。何か月，何年，あるいは生涯にわたって，傷は完全に癒えることがないかもしれない。軽い傷と考えていると，それが原因となって死に至ることさえあり得るのである。

実際，いじめが殺人にまで発展してしまった事例もある。また，いじめが直接の原因となったと考えられる自殺も，たびたび報告されている。「いじめ被害経験のある少年の10人に1人は，程度はどうあれそして実行するかどうかは別にして，一度は自らの手による死を考えた経験を持つ」という（森田・清永，1994，p.192）。

山崎（1999）は，愛知県西尾市のいじめ自殺事件（1994年11月）以降，1997年11月までの間，新聞報道されたいじめ自殺事例を整理している。これによると，1995年には15件，1996年には10件，1997年（11月まで）には9件のいじめと関連した自殺が報道されている。遺書のある場合が多く，そこには被害者の受けた言葉によるいじめや暴行，金品の要求などの実態が明かされる。加害者の実名が残されることもある。これらの事例は，明らかにいじめが原因となったと考えられ，新聞報道がなされたものだけである。これらのほかに，隠れたいじめ自殺もあると考えておかねばならないであろう。

以上のように，この間毎年少なくとも10件前後のいじめ自殺が報道されている。いうまでもないが，自殺という結末は取り返しのつかないものである。けっして「いじめは昔からあった」などと安易に片づけることはできないのである。

ある中学校でいじめが表面化した時に行われたアンケート調査で，「いじめられた時の気持ち」を生徒に尋ねた結果（福田，2001）を以下に，みてみよう（一部抜粋）。

　○学校を休みたかった。でも学校を休むと，よけいいろいろと言われたりしそうで怖かった。だから，ものすごくつらくても学校に行った。
　○毎日，学校に行くのがとてもつらかったし，たとえ，今日いじめられなくても明日はどれだけいじめられるのか，恐かった。学校が，楽しい所

から恐い所に変わった。
○その人は，絶対死んでも恨みます。許しません。

同じ調査で，「いじめた時の気持ち」も尋ねた。その回答も例示しておこう。
○遊び半分でやっていた。
○いじめられている人の痛みは，いじめている私にはわからなかった。
○本当は今，恥ずかしいし，情けないし，なんとも言葉にはできない気持ちです。
○いじめられた気持ちがわかっているのに，人の見えない気持ちまで傷つけてしまった。僕は本当の馬鹿だと思った。

このようにみてくると，いじめられた子どもはひどく傷ついている。加害者に対して，「絶対許さない」という怒りやうらみの強い感情に支配されてしまう。また，いじめられた経験が，不登校にも結びつきやすいことがわかる。
一方，いじめた子どもも，後になって自責の念にかられ悩むことも多い。集団でのいじめの場合，その時は「自分もいじめに加わらないと，今度は自分がいじめられる番に回るかもしれない」という恐怖感もあって，加害者側に立ってしまう。そして，後で後悔するのである。

❸——いじめの長期的影響

菅野（1988）によると，いじめによるストレスそのものが深刻な問題なのではなく，それが長期化・固定化・過剰化をたどっていくことが問題なのである。
いじめの実態に関する調査は多いが，その長期的な影響にまで踏み込んだ資料は限られる。いじめを受けた被害者は，たとえば10年後，20年後までその「心の傷」の痛みに耐えなければならないのだろうか。あるいは，その影響はさほど長続きしない性質のものなのだろうか。
最近，PTSD（心的外傷後ストレス障害）という言葉をよく耳にするようになった。このPTSDという障害は，大災害や事故などの被害者にみられる。彼らは，自分自身や配偶者，友人などが命の危険にさらされる体験をして，それが心的外傷となる。直後ないし数か月あとから，あるいは場合によっては何年

第3節 いじめ被害経験による心の傷

後になってもくり返し悪夢や恐怖症にみまわれる。いじめも、このPTSDのような症状を残すことがあるのだろうか。

いじめのもたらす長期的影響を調べるためには、本来は縦断的なデータが必要である。しかし、長期間にわたって被害者を追跡する研究の実施は非常に難しい。よって、大人や大学生を対象として、過去に受けたいじめ経験に関して回顧的に行う調査の結果を根拠として、分析を行うことになる。

家族機能研究所（1999）は、東京都内Sクリニックを受診した患者5,000人あまりのうち、1,201名を対象とした調査をしている（選ばれたのは、DSM-Ⅲに準拠した調査票によって、DSM診断、心的外傷の既往など各種評定が確定された人のみ）。男性228人（平均年齢29.6歳）、女性973人（同32.4歳）であった。このうち、学校でいじめ被害を経験した者は、289人（24.1％）にのぼった。いじめ被害経験別に、DSM診断を比較した結果、被害経験のある群は、そうでない群に比べて、不安障害の割合が突出して多く、0.1％水準の有意差がみられた。このほか、PTSDや乖離性同一性障害の割合が有意に高かった。

深谷（1996）は、大学生を対象として、子ども時代の「いじめ」体験の回顧的調査を行っている（表1-2）。それによると、「卒業後、クラス会への出席をどう思っているか」を尋ねた結果、「クラス会に絶対出席したくない」者が、小学校で6％、中学校で5％いる。「できれば出席したくない」者は、同じく7％と6％おり、合わせると1割を超える。

表1-2 クラス会回避の気持ち（いじめが残したもの）（深谷，1996） (%)

	小学校	中学校
絶対出席したくない	15（6.2）	10（5.0）
できれば出席したくない	18（7.4）	12（5.9）
少しこだわりがあるが、出席してもいい	84（34.7）	25（12.4）
全く平気	125（51.7）	155（76.7）
	242（100）	202（100）

一方、被害者を対象に、他人から受けた「いじめ」が自分にとって、プラスだったか、マイナスだったかを尋ねた結果、「今でもまだマイナス」とする者は、小学校で16％、中学校で15％であった。逆に「マイナスも（あれば）、プラスもあった」が小学校で21％、中学校で19％。そして「いじめ」が「むし

ろ（自分に）プラスだった」とする者も，意外に多くて30％と36％いる。ただし，深谷はこの結果を，調査対象者が国立大学の学生であることからかもしれない，と分析している。つまり，国立大学に合格したエリートたちだということが，この結果に影響している可能性を指摘している。

「いじめはつらかったが，自分にとってはもう怖いものではない。私はそれを克服した強い人間だ。むしろ，そのような経験の結果，私は成長できたとも言える」。そのようにとらえることができた人もいる。

しかし，以上みてきたように，いじめは長期間にわたり数多くの被害者を苦しめる。いじめによる心の傷は深く，治るまでには長時間を要することも多い。

4──二次的被害

ここまでみてきたように，いじめはその被害者本人に対して直接的な影響を及ぼす。いじめられた子どもは暴行を受けてけがをしたり，くり返し投げかけられる汚い言葉で，いやな思いをさせられるだろう。さらに，絶望し，ついには自殺に追いやられる場合さえある。

一方，いじめで自殺した子どもの遺族は，子どもを失った悲しみや「守ってやれなかった」という自責の念，あるいはまた加害者に対する遺恨の念にとらわれてしまう。つまり，心に傷を負うのは，被害者だけではないのだ。さらに，被害者やその家族がマスコミや周囲の人々などから受ける被害も問題である。このように，いじめはさまざまな二次的被害をももたらすのである。

たとえば，いじめ自殺の被害者遺族は，事情を知った近所の人に「がんばってね」と声をかけられる。むろん，善意の一言ではあるが，これも遺族への配慮を欠いた言葉だといわれている。被害者はすでにそれまでに多大な苦痛を経験して，十分にがんばっている。そのため，「これ以上どうがんばれというのか」という気持ちにさせられるからである（小西，1999，p.77）。司法などの専門家でさえ，配慮を欠いた発言によって，二次的被害を与えてしまうという（小西，1999，p.107）。

また，加熱した報道が新たな自殺を誘発するおそれもある。実際，過去にはアイドル歌手の自殺をきっかけとして連鎖的な若者の自殺が生じた事例がみられる。報道が事態を沈静化するどころか，結果的にさらに悪化させてしまうこ

とになる。報道のもたらす暗示的な効果を認識しておくことが必要である。
(橋本，1998，p.146；高橋，1998)

　加害者として名指しされた子の父親が自殺を図った事例も報告されている。加害者の家族が，今度は新たな被害者になってしまうわけである。

　以上のように，いじめの被害は被害者本人に対する直接的なものだけにはとどまらず，さまざまな方向に伝播しかねない。周囲から受ける二次的な被害や，他の人々に及ぼす影響も無視できないといえる。

　土屋（1994）や酒井（1997）は，いじめられた子どもたちの日記を多数紹介している。中学校教諭の酒井は，学校を卒業した教え子のいじめられ体験記を受け取った。そこで，この卒業生の体験記を教材として，道徳の授業を実践している。主題は「いじめ根絶をめざして」である。このように，いじめられた時の気持ちを共感的に理解できる機会を作っていくなど予防，解決に向けた工夫が必要であろう。

　たとえば市川ら（1995）や榊原（1997）が，「2段階肯定的メッセージ法」とよばれる実践的ないじめ解決プログラムを提案している。市川らによると，いじめにおける教師の指導は，否定的なメッセージになりやすい。いじめっ子に対しては「悪いことはやめなさい。あなたはいけない子どもです」，いじめられっ子に対しては「あなたは弱い。もっと強くなりなさい」という現状否定の「変化を求めるメッセージ」である。一方，肯定的なメッセージとは，「変化を求めないで，子どもの現状を肯定するのであり，子どもたちすべてが，能力があり，優れており，個性的な存在であることを，肯定する」ことであるという。

　本項では，「いじめによる心の傷」について，主に国内における事例や研究結果をもとにして論じた。次項では，外国の場合に関して同様にみていく。

Column ④

山形マット死事件（1993年1月13日）―山形家裁と仙台高裁，山形地裁の異なる判決―

　夜のひとけのない中学校の体育館の用具置き場で，体操用マットに巻かれた状態で中学1年生の児玉有平君（13歳）は見つかった。すでに死亡していた。母親からの「学校から帰宅しない」との連絡を受け，教員2人が校内を捜し，児玉君を発見した。

　山形県警防犯少年課と新庄署は，児玉君の頭などを殴りマットに押し込み窒息死させたとして同中学校2年生の男子生徒3人（14歳）を傷害と監禁致死の疑いで逮捕した。また1，2年生男子4人（12歳〜13歳）も同じ疑いで補導した。県警によると，児玉君は1992年の入学時から「標準語を話すな」と言われたり，歌や踊りの「芸をしろ」といじめられていた。なかには児玉君の顔を見るたび芸を強要する生徒もいた。また生徒らの話によると児玉君へのいじめは小学校高学年のころからはじまり，中学に入ってからも教室で下着を脱がされたり，上級生から歌などの芸を命じられていた。暴行も受けていたが，学校側は「いじめはない」「気がつかなかった」としている。これに対して山形県教委は「生徒を保護，監督する義務を怠った」として校長を20日間の停職処分，教頭には文書での訓告をしている（朝日新聞，1993. 3. 9）。だが，少年たちに対する判決は各機関によって異なる，という異例の事態となる。

　逮捕，補導した少年7人は逮捕当初は傷害，監禁致死容疑をおおむね認めていた。しかし山形家裁での審判がはじまると，一転してアリバイを主張して容疑を否認した。その後，山形家裁は逮捕した3人に無罪相当の不処分決定，補導した3人には有罪相当の保護処分を言い渡した。保護処分となった3人は仙台高裁に抗告したが，仙台高裁はそれを棄却した。さらに不処分確定の3人についてもアリバイを否定し，事実上7人の関与を認める結果となった。最高裁も保護処分の3人の再抗告を棄却している。1995年12月26日，児玉君の両親は「真実を知りたい」と民事に場を移し，損害賠償請求の訴訟を起こす（山形新聞，2002. 3. 19夕刊）。判決は2002年3月19日に言い渡された。それは7人全員の無罪を事実上認定しただけでなく，遺体の鑑定結果などから「事件性すら認定できない」とした。3つの機関がそれぞれ異なった認定をしたことで，事件はいっそう混沌としてきた。判決を聞いた児玉君の父親は「最終的な判決が確定したわけではない」「真実に近づくことは，平たんな道ではない」とし，即日控訴した（山形新聞，2002. 3. 20）。

第3節 ■ いじめ被害経験による心の傷

Column ⑤

愛知県西尾市のいじめ自殺事件（1994年11月27日）──母親あての114万200円の借用書

　愛知県西尾市内の中学校2年，大河内清輝君が自宅裏庭の柿の木で首を吊り自殺した。清輝君の自室には「いじめられ，お金をとられた」「自殺理由はきょうも4万とられたからです」との遺書が残されていた。また母親あての借用書には「僕は，母の借金を何年かかるかわかりませんが必ず返します」とあった。金額は何度も書き直されており，最後は114万200円となっていた。遺書とは別に「少年時代の思い出の旅日記」と題した日記も残していた。そのなかには家族旅行で見たイルカショーの思い出とともに，「イルカは人間のいいなりになっているけど，人間が人間のいいなりになるなんて」と書かれていた。言われるままに金を出し続けた苦痛と無念さを表現したようだ（読売新聞，1994.12.3）。

　いじめがはじまったのは1993年の秋ごろからだ。清輝君がいじめの標的となった原因のひとつは，いじめられていた他の生徒を見かねてかばったことだった。それ以降，多額の現金を要求されたり，裸で田んぼに立たされたりといじめがエスカレートしていった。遺書にも「いじめグループが家に来た際，金のある場所を見つけ，金を取られた。その後近くの川でおぼれさせられて，その恐怖から言われるままに金を出した」とある。いじめに関与していたのは，日ごろ清輝君と一緒に遊んでいた仲間であった。このいじめ集団内には序列があり，脅し取った金は力関係で配分されていた。西尾署の調べに対して4人は，清輝君から取った金は「ゲームセンターや飲食代，カラオケなどの遊びにつかった」と話している（朝日新聞，1994.12.3）。また，自殺の直前に「強盗してでも1億円を持ってこい」とも言っていた（読売新聞，1994.12.5）。

　この中学校にはいじめ・登校拒否対策委員会があったが，機能してはいなかった。委員会は「清輝君が顔にあざをつくっている。自転車の泥よけを壊された。体育館で下半身下着姿にさせられた」という報告を受けていた。だがいじめの対象として取り上げることはなく，逆に学校側は清輝君をいじめていた問題グループの一員としてとらえ，いじめには気づいてなかったとした。また同級生が「清輝君がいじめられてる」と担任に知らせるが，学校側は取り合わなかった。校長は認識の甘さを認めながらも「本人の申し出がない限り，いじめとは確定できない」とコメントした。

　愛知県警は2年生4人を恐喝の疑いで書類送検し，家裁は初等少年院や教護院に送る保護処分を決めた。

2　いじめによる心の傷—外国の場合—

「いじめは，じわじわと痛めつける拷問だわ」

ある10代の少女の言葉である（Beane, 1998）。また，新しい同級生にからかわれ，仲間はずれにされた女の子は次のように語っている（Beane, 1998）。「からだもからっぽ，心もからっぽになって，本棚の本をくくってしまったの。からっぽの私の本棚に，冷たい石。その石が私の心」

前項での日本の場合のように，諸外国においても，いじめの最も悲劇的な結末はいじめられた子の自死や，いじめられた仕返しとしての殺人である（Hazler, 2000）。そのような事件は，いじめによって受けた心の傷が，いかに深いものであるのかを示している。いじめられた子の自死や復讐だけではなく，エスカレートしたいじめによる殺人の場合も含め，病気でも事故でもないのに尊い命が失われる出来事は，多くの人に心の傷を残す。そこまでの結末にならないまでも，いじめは，それを止めようとする者の目に見えないように陰湿化し，時にじわじわと被害者の行動をしばり，時に被害者を暴力でねじふせ，いつのまにか抵抗の気力も奪い，深刻な影響を与える。いじめがなければ得られたであろう幸福な日々を奪う。

いじめによる心の傷は，それが事件となって表面化するものは氷山の一角で，いじめられる側もいじめる側も，そして，それを見ていて何もできない者も心に傷を負う。しかしながら，いじめによって最も深刻な影響を受けている人たちは，すでに亡くなっているか，あるいは，思い出すのも苦痛であるために調査研究には回答していないであろう。あるいは，少数であるために，統計のなかに埋没しているかもしれない。以下に引用する諸研究も，じつは，そのような最も深刻な声を聞き取ることはほとんどできていないのである。

ここでは，いじめの影響に関する諸外国の調査研究について，まずは暫定的な図式を提示して（図1-17），その前提などを説明する。そのうえで，いじめと精神保健上の問題の関連，次に，いじめの継続に関して考察し，最後に，さまざまな少数者グループに焦点をあてて行われた研究を紹介する。

第**3**節 ■ いじめ被害経験による心の傷

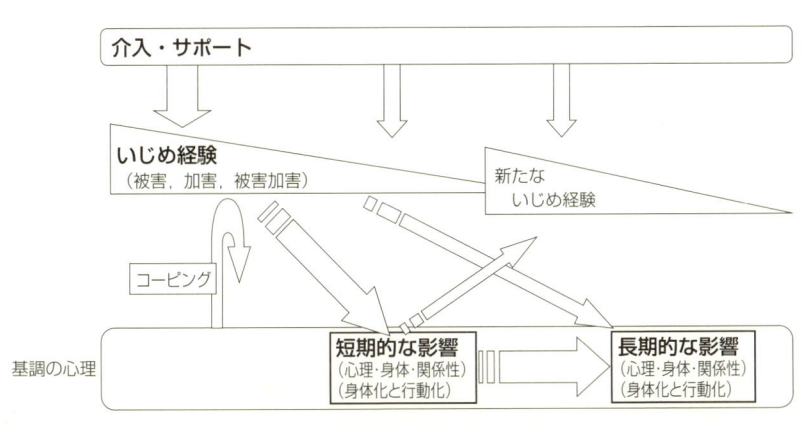

図1-17　いじめの影響に関する暫定的な図式

1──いじめの影響に関する図式

　図1-17はあくまで暫定的なものである。もちろん，いじめという現象をどのように見るのかによって，多様な図式を提示しうる。むしろ，このような図式は考えのずれを対象化し議論するための出発点である。

　図1-17は，いくつかの前提のうえで作成されている。

　まず，いじめがきわめて長期にわたる場合については，短期の場合に比べてその影響に違いがある可能性もあるし，どのような方法でのいじめであったのか（身体的な暴力なのか，言葉による中傷なのか，それとも，仲間はずしなのか）によっても，影響は異なってくるであろう（Sharp et al., 2000）。その点については，三角形にすることでいじめ経験の長さに違いがあることを表現したが，十分な図式化ではない。加えて，いじめの継続については，いじめ経験による影響に媒介されて新たないじめにさらされるということも考えられる。

　次に，いじめられる者の何らかの属性もいじめの「原因」であるとするかのような言説（たとえば，「いじめられるお前にも，なおすべきところがある」）があるが，ここでは，それはいじめる側の標的選択時の契機やあとからの口実にすぎないと考える。あらゆる事柄がいじめ正当化の理由になりうることから，ここでは特定の「気質」をいじめられやすさなどの要因としてはいない。しかし，標的要因とされやすいかどうかに違いがある可能性を排除してはいない。

そして，いじめの経験の時点において，周囲の人からの介入やサポートがどうであったのか，また，本人はどのような対処を行ったのかということもいじめの影響を考えるうえで重要である。そのような観点を中心にすえた調査はみあたらないが，図式には記入してある。一方，「新たないじめ経験」の影響は，図式から省いてある。

最後に，いじめの影響に関する研究には，短期的な影響と長期的な影響ととりあえず分けているものもあり（たとえば，Hugh-Jones & Smith, 1999），ここではその分け方を図式に反映させた。しかし，短期的な影響のうちどのような影響が長期的に残るのか，あるいは，短期的には自覚されない影響が何年も後に現れるようなことはどのくらいあるのかを調べた定量的な調査は見いだせず，線の太さはその影響の大きさを単に想定しただけのものである。

このように，この図式にはいくつか実証的根拠のない前提があるが，この図式を参考にしながら調査結果を読みとる際に因果の方向性については留意しておきたい。いくつかの調査は，いじめの影響について調べる際に，いじめの事実に関しては回顧的な調査手法を用いている（たとえば，Gilmartin, 1987；Hugh-Jones & Smith, 1999）。個人が特定できそうな追跡的な調査手法ではいじめについての報告を得にくいことや，いじめられた子たちをケアすることなくただ縦断的に追跡することが倫理上ためらわれることや，そして，なんといっても縦断的調査には時間がかかることが，その理由であろう。ただ，残念なことに，いくつかの論文を読んでいると，このような回顧的な手法による調査結果の誤った引用がみられる。それは，ある属性Aをもつグループでは他のグループに比べていじめ被害経験の報告が多いという結果をもって，いじめ被害がその属性の原因であるかのように論じる誤りである。もちろん，「いじめ被害（原因）→属性A（結果）」という可能性もあるが，もともとAという属性をもったグループが，ある時点でのある集団においていじめの標的になりやすかったという可能性，つまり「属性A（標的要因）→いじめ被害（結果）」という因果の方向性を何の証拠もなく排除してはいけないのである。

いじめに関する研究の歴史は浅く，スカンジナビア半島での先駆的な研究から数えてさえ約30年，イギリスでの大規模ないじめ介入実践研究やその後の世界的ないじめ研究の広がりからは10数年しか経っていない。それゆえ，そ

れぞれの国で使われる，いじめと訳されうる言葉にもずれがあり（Smith et al., 2002），いじめの定義に関しても議論が尽くされていない点がある。たとえば，シャープら（Sharp et al., 2000）は，研究者が使ういじめ定義に含まれる継続性に関しては，当事者である子どもも大人もほんのわずかの人しか言及しないことを複数の研究を概観して指摘している。そのような現状であるために，以下に紹介するいじめの影響に関する研究も模索中のものといえよう。

❷――いじめと精神保健上の問題

> ……とっても心配なんです，今でも。……考えられないんです，私が……。それと，子どもが怖いんです……それが問題。彼（婚約者）は家族になるのがいいんでしょうけど，私はいや，家族は欲しくありません。だって，私は子どもが怖いし，そんな私を子どもも嫌うでしょ？……ずうっと昔から，私，こうなんです。とってもおかしな恐怖だけど，実際あるわけだし，とても生々しいんです。

いじめによる心の傷をもつこの女性は，まだ生まれていない自分の子どもも，かつてのいじめっ子と重ねて怖がっている（Smith, 1991）。いじめは，こんなかたちでも幸せを奪っていくのか，といたたまれない。一方で，家族関係に起因する心の傷がいじめ被害の背景にあるかもしれないという仮説で行われている研究もある（Fosse & Holen, 2002）。しかしながら，回顧的な手法であるために，因果関係を実証できるものではない。

抑うつや不安などが，いじめによる心の傷のためという場合もあろう。逆に，心の傷が，いじめへの対処を困難にさせている場合もあるかもしれない。いずれにしても，精神保健上の問題といじめは無関係ではなさそうだ。

加害者，被害者，被害加害者としてのいじめへの関与が，青年期の精神保健上の問題とどのように関係しているのか調べている研究（Kaltiala-Heino et al., 2000）では，フィンランドの14～16歳の生徒を対象として（1995年 8,787人，1997年 17,643人），いじめと精神保健上の諸問題（摂食障害・抑うつ・不安症状・心身症・度を越えた飲酒・薬物使用）の関係について調査している。被加害者たちは抑うつや不安感がひどく，度を越えた飲酒や薬物使用はいじめ加害者，次に被害加害者のなかで多かった。この研究では，いじめた経験もいじめられた経験ももつ被害加害者の問題の深刻さを憂慮している。たしかに，被害

加害者は「いじめられる側がよくない」という論理に逃げるわけにもいかないし，かといって「いじめる側が悪い」という論理に立つわけにもいかないのである。

　いじめによって最も深刻な影響を受けている被害者の声を，質問紙調査で明らかにすることは難しい。しかしながら，その深刻さの一端を明らかにしようとしている研究（Erling, 2002）では，ノルウェーの中等学校44校の14歳の生徒約2000人の回答から，いじめと抑うつや自殺念慮の関連を検討している。その結果をみると，いじめ加害，いじめ被害，抑うつ，自殺念慮のすべてが，正の相関を示している。いじめられた子どもたちの自殺が多く報道されることから，自殺念慮はいじめられた側に特有のものと思われがちだが，この結果はその通念に反するものである。同様の結果は，フィンランドの中等学校の生徒約16,000人（14～16歳）を対象にした調査（1995年から毎年行われている学校保健促進研究の一環）でも示されている。強い自殺念慮（自殺する計画がある，あるいは，チャンスがあったら自殺するという回答）をもっている生徒の比率は，いじめへの関与の度合いごとに集計すると，表1-3のようになっている（Kaltiala-Heino et al., 1999）。

表1-3　いじめへの関与度別の自殺念慮率（Kaltiala-Heino et al., 1999）　　　（単位：%）

	関与なし	週に1回未満 いじめorいじめられ	週1回以上 いじめのみ	週1回以上 いじめられのみ	週1回以上 いじめandいじめられ
女子生徒	1 (55/4418)	3 (93/3159)	8 (16/196)	8 (29/373)	8 (4/50)
男子生徒	1 (23/2395)	1 (56/4480)	8 (55/705)	4 (18/464)	11 (18/170)

注）いじめへの関与は，1月始めから5月末までの期間について尋ねたもの。
　　（　）内は，実数で比を示したもの。

　いじめ被害加害者はもちろんのこと，いじめのみの生徒も，いじめられのみの生徒と同じかそれ以上に自殺念慮があったと回答しているのである。もちろん，これは，日本とスカンジナビア諸国の文化差に由来するのかもしれないし，あるいは，質問紙への回答と実際の深刻さとの隔たりによるのかもしれない。しかしながら，いじめをしている側も死にたいと思うくらいに追いつめられていることもあるかもしれないと，念頭に置いてもよさそうである。

❸——いじめの継続

　いじめがもたらす心の傷あるいは，いじめへの特定の反応パターンは，学校や職場を変わってもいじめを継続させる契機にもなりうるし，いじめの継続によってさらに深刻化すると思われる。では，このような仮説を検証するような研究は行われているだろうか。

　初等学校から中等学校への移行期における，いじめ，いじめ被害および仲間関係に関する縦断的研究が，アメリカ南東部の初等学校の5年生全体（329人）中の154人（男87，女67）から参加の同意を得て行われ，そのうち約9割の追跡調査ができている（Pellegrini & Bartini, 2000）。調査は5年生の時に1回と6年生になってすぐの秋と春に行われた。1年目はいじめ，いじめ被害，いじめに対する姿勢に対しての自己報告および仲間関係，教師の子どもへの評価などについて，2年目には，いじめ，いじめ被害に対する直接的な観察，間接的な観察をそれらに加えた調査が行われた。ペレグリーニらは，この調査の結果について，「いじめや攻撃的いじめ被害（aggressive victimization）は，比較的，経時的に安定していた」と読みとり，その原因を「おそらくそれは，気質的な要因によるためであろう」と考察している。しかし，気質が経時的にいじめの要因となる可能性のほかに，いじめ被害の経験からのいじめ対応への学習性無力感が，あらたないじめの初期段階における適切な対応を阻害し，結果としていじめを受けやすくなっているという可能性もある。より多様な因果関係を想定して，調査結果の解釈を行う必要がある。しかしながら，いじめの年齢にともなう変化を，加齢による成長・発達だけではなく学校制度とのかかわりで考える視点には学ぶべきであろう。

　8歳から16歳までのいじめといじめ被害に関連する要因を縦断的に調査したフィンランドにおける研究（Sourander et al., 2000）によれば，16歳でのいじめ加害といじめ被害は，8歳から16歳にわたってのさまざまな心理的問題や，子どもが精神保健サービスを利用したことと関連があった。特に，8歳の時の自己報告での高いうつの徴候といじめ被害（親の回答）は，16歳の時のいじめ被害と関連がある。この調査で使っている分析手法の限界もあるために，断定的なことはいえないが，8歳の時のうつの徴候といじめ被害は，相互に関連しつつ，あるいは別々に，その後のいじめ被害に影響を与えているらしいこ

とはうかがえる。

4 ── 少数者グループといじめの影響

　最後に，いじめの影響に関して，何らかの意味での少数者グループに焦点をあてた研究をいくつか紹介する。

(a) 異性と親密な関係をつくれない男性

　ギルマーティン（Gilmartin, 1987）の研究は，いじめの影響に関する初期の研究でよく引用されているもののひとつであり，異性との親密な関係をつくれない異性愛の男性に焦点をあてている。女性と親密になりたいと思いながら内気なために親しい関係をつくれないでいる成人男性のグループと，自信をもって女性と交際できる成人男性のグループを探索的研究手法で比較し，内気なグループのほうが学校に通っていたころにいじめられた経験をもつことが多いのではないかという仮説を提出している。ギルマーティン自身が論文の中で述べているとおり，極端なグループ間で比較するという手法ゆえに統計的な検定は行っていないし，回顧的な自己報告に基づく調査なので，あくまで仮説である。偏らない回答者による縦断的な研究による追試が必要であろう。その後，他の研究者により男性・女性の双方に関して調査がされてはいるが，論文としては発表されていないようだ。

(b) 性的少数者

　リバーズ（Rivers, 2001）は，190人のレズビアン，ゲイ，両性愛男性，性転換者の大人の，学校におけるいじめ経験の回顧調査を行っている。回顧的質問紙の方法論的限界を補うために部分的再調査で記憶の確かさを調べ，16人へのインタビューで質問紙では得られない子細な表現を聴き取っている。その結果，53％がいじめられた結果自傷行為を考えたと回答し，40％が1回以上，30％が2回以上自傷行為か自殺を試みたと回答している。先行研究の誤った引用はあるものの，いくつかの先行研究への厳しい批判（回答者の偏りなど）には，重要な指摘が含まれている。

(c) イギリス吃音協会の全国連盟

　吃音の子どもに対するいじめの長期的・短期的影響に関する研究では，受けたいじめの特質と頻度，原因，いじめ被害の短期的・長期的影響を探っている

第3節 いじめ被害経験による心の傷

(Hugh-Jones & Smith, 1999)。いじめに関する学校での体験の回顧とその影響の自己報告を,イギリス吃音協会の全国連盟からの276人への半構造的面接と郵送によるアンケートを両方用いて調べた結果,回答者の大多数は学校でいじめを経験しており,いじめられやすさは友人関係をつくる際の困難さの自己報告と関係していた。さらに,いじめによる短期的影響と長期的影響に関する記述的回答を分類している。「影響なし」以外の3つは,(a) 個人的影響(自信や自尊感情の喪失,不安や神経質や羞恥心の増加,恥の感覚や抑うつ,人間関係の形成と維持の困難),(b) 話すことの困難さ(非流暢さ,権威のある人や攻撃的な人に話しかけることのためらい,人前で話すことへの抵抗やどもることを受け入れられないこと),(c) 他の影響(短期:怠学,学業上の困難,注意をひく行動;長期:進路選択における不本意,自分の子への過保護)である。回答の比率は,表1-4に示した通りであるが,個人的影響の場合,短期的影響に比べて長期的影響を受けた人は少ないが,長期的影響の症状に深刻な傾向(たとえば,被害妄想,攻撃性,ひきこもり,用心深さなど)があったという。

表1-4　いじめの短期的および長期的影響に関する自己報告
(Hugh-Jones & Smith, 1999)　　　　　　　(N=229)

	短期的影響	長期的影響
個人的影響	63%(144)	32%(73)
話すことの困難さ	9%(20)	6%(14)
その他	17%(39)	4%(10)
影響なし	1%(2)	54%(123)

注)いじめ被害経験者229人中,205人が回答。同じ回答が異なるカテゴリに分類されていることもある。

この研究では「あなたは,吃音の子どもとその親や先生に,どんなアドバイスをしますか?」という質問がされている。子どもへのアドバイスで最も多かったものは,先生,親,友達など「誰かに言うこと」(49%)。親や先生へのアドバイスで一番多かったものは,「子どもの話を聞き,わかってあげる」であった。

このようなアドバイスは,いじめられた経験があるからこそできるとも言えよう。前述のリバーズの研究においても,いじめ経験の肯定的なとらえ返しの自己報告が示されている。しかしながら,それらは,いじめの直接的な影響で

はない。いじめ被害に対処し，何らかの支えを得るなどして，その経験を再解釈したり，乗り越えたりした結果であることに留意する必要がある。

第2章

いじめのメカニズムと発達臨床心理学的な意味

第1節 いじめを生む個人内のメカニズム

1 はじめに

　いじめ加害者の心理に光を当てることは，必ずしも容易な作業ではない。心理臨床の現場ではむしろ，いじめ被害者の救済が急務とされてきた。いじめ被害者は，加害者からの報復を恐れ，また自分がいじめられてきたということを白日の下に晒したくはないという最後の自尊心ゆえに，自分の心の内を容易には開かない。いったん安全が確保され，敬意をもってその苦しみを受けとめてもらえるという環境が整えば，それまでの気持ちを吐露するに至る。

　一方，加害者はそのいじめ事実が判明し，糾弾される立場に立つのであるが，その時「これはいじめじゃない。あいつが悪いんだ」「あいつがいやだと言わなかったから，いいのかと思った」という自己正当化に走る。あるいは「おもしろかったから，つい」「他の人もしていたから」というような弁明に走る。自分が強者であり，一方的に弱者を虐げたという，自分の中の「悪」を認めることは容易なことではないのである。他者の痛みをある程度は想像できたとしても，それをわが身に置き換えて痛むということは，困難な作業である。

　いじめ被害者はその痛みを長く心に引きずり，そこからの快復過程でその痛みを言葉にすることが多い。しかしいじめ加害者は他者をいじめたという痛みを抑圧して生きる。一抹の後ろめたさは残ったとしても，「残酷だった子ども時代の過ち」として整理してしまうしかないのである。

　一方彼らの言葉を聴くカウンセラーの側も，被害者に対する共感の深さと同

様の深い共感をもって加害者の声に耳を傾けることが困難である。加害者に共感するためには，それを聴く人間が自らのサディスティックな心理を呼び覚まさねばならないが，そうした危険な心理は深くロックされているものである。聴く側と語る側がお互いにこうした困難を抱え，結局のところ，加害者の心理の内奥に分け入り，深い洞察をもって，自己の成長を促すということを困難にしている。

そこでむしろ認知的に，あるいは体験的に身をもって，それがいかに卑劣な重罪であるかを思い知らせ，再犯を防ぐことになる。学校における予防的な介入もまた，認知的な側面への働きかけとして，「いじめ」が何たるかを教え，「いじめ」が「いけないこと」であるということを教え，「善悪の価値観」を強化し，適切なコミュニケーションスキルを伝授している。そしてこうした介入は功を奏し，「いじめ」件数は減少傾向にある。

しかし本稿では認知的メカニズムではなく，あえて深層心理的なメカニズムに焦点を絞ってみようと思う。いじめ加害者の心を深く理解することが，学校で当該生徒を前にしての指導・援助場面で，生の対話に役立つと思うからである。

2 満たされない権力欲

ひとつのいじめのエピソードから始めてみよう。20代の女性が過去をふり返って語ったいじめのエピソードである。彼女は当時小学校の中学年であり，近所に同じ小学校の男子が引っ越してきて，彼女と同じ登校班になったことが始まりである。そして「さしたる理由もなく」いじめが始まったのである。登校班という逃れられない場面で，いじめは毎日のように続き，引っ越してきた男子が再び引っ越すという結末を迎えるのである。この間のことを20代になった女性は次のようにふり返っている。

> 首謀者っていうのは私。一番私が汚かったんだけど。あんまり手を汚さないで，毎日，アイディアを「こんなことしようぜ」っていう感じだったの。最悪なんだけどね。……落とし穴掘って，そこ通らせて落とすんだけど，その中になんかえげつないもの入れといたりとか，すごい恥ずかしくてさあ。私の品性っていうのは，その辺からして，なくなってのが今しゃべっててわかるからいやなんだけど。……鬼ごっこなりそういう系

統のゲームで，その子の立場を追い詰めるみたいなそういう遊びを日常的にしてた。……特にきっかけもなく，理由もなかったよね。その子がこうだからいじめるって理由は何にもなく。別の場面で会ったら友達になっていたような明るい男の子だったよね。ただちょっといじめて怒らせるのがおもしろくてね。殴るとか蹴るとか，そういう野蛮な仕方ではなく，追い詰めて怒らせるのに，なんか知的な興奮みたいなもの感じてたと思うよ。最低でしょ。……なんかさあ，こうダイナミズムじゃないけど，なんかノリでなっちゃうっていうのが多かったと思う。

彼女の語ってくれたいじめエピソードは，「その場のノリで」「流れ的に」「やってみたら楽しかったから」という，現代的ないじめの要素を兼ね備えている。すでにできあがっているグループに転校生という異質な存在が混入し，異質な存在をいじめることを愉快に感じながら「今日はどんなふうにいじめようか」というゲームを仕立てあげ，グループは結束感を強めている。そのグループのノリはさらにいじめを継続させていくことになっている。

しかしなぜ彼女はこんないじめの快楽にとらわれるに至ったのか？ 彼女はこのインタビューの終わり近くにこんなことを語っている。

> 私にはお兄ちゃんがいて，でもしばらく学校とか行っていなくって，お兄ちゃんのくさくさが全部3つ下の妹である私に向けられていた。で，小学校3年くらいまでの家庭での記憶っていうのがないの。抹消されていて，ぜんぜん思い出せないんだけど，うーん。クラスでもほんと発散，はしゃぐとこはしゃいで発散している子どもだったので，あんまり煮詰まらないでいられたんだと思うんだけど，でもまあ慢性的には奥底で煮詰まっていてね。

加害者である彼女は家では被害者であり，彼女は「奥底で慢性的に煮詰まっていた」というのである。その「煮詰まり」は，はけ口をどこかに求めていたに違いない。そのはけ口がクラスではしゃぐことであり，さらには転校生をいじめ抜くことであった。

古今東西変わりなく，大人にも子どもにも存在するいじめの心理力動の過程を，権力欲の成せる業として克明に描き出したのは中井（1997）である。

中井は，子どもたちが「家族や社会の中で権力を持っていないだけ，いっそう権力に飢え」ており，「家族の中で権利を制限され，権力を振るわれていることが大きければ大きいほど」権力への飢餓感も強いとする。そこではたとえば家族の中で暴力をふるわれる，あるいは両親や嫁姑の確執に一言言いたくて，

しかし言えなくて身悶えする子どもの姿が想起されている。

そうした子どもたちのすべてがいじめに走るわけではない。中井はいじめが権力に関係しており、そこに政治学が生まれ、子ども社会がじつに政治化された社会であると表現している。権力に飢えた子どもたちの中でも力あるもののだれかが、弱者のだれかを標的にし、孤立させ、無力なものにしていく。完全に無力化した標的に対するいじめは、「善良なドイツ人に強制収容所が『見えなかった』ように、選択的非注意という人間の心理的メカニズムによって、責任を有する大人にも見えなくなる」（中井，1997）。こうして権力に飢えた子どもが標的を「自分の下」に置き、自分の権力への飢えを緩和させ続けるという構図が完成するというわけである。

この中井の文章から、家庭の中で大人によって権力を不当に剥奪され、傷つき、欲求不満に陥っている子どもたちが、子ども社会の権力構造の中で、権力欲を満たすために標的を求め、自分を正当化しつつ、権力の座を絶対なものにしていく姿が見てとれる。

3 傷つきやすい自己愛

もうひとつのエピソードを紹介しよう。今度は専門学校に通う男性である。半ば他人事のように、半ば懺悔の気持ちを込めて以下のような高校時代のエピソードを語ってくれたのである。

> いじめてたっていうか、俺たちは仲間だったんですよ。そいつは気の弱いところがあって、何でもよく言うことを聞くっていうか、「パシリ」だったわけですよ。だれか呼んで来いって言えば呼んでくるし、ジュース買って来いって言えば買ってくるし。それでうまくいっていたんすよ。まあ、俺はあんまりそういうことはなくて、上のやつがそういうふうにしていて。たまに俺が何かしろって上から言われたりすると、それをそいつに回してお前がやれよって言うときはありましたけど。俺的にはそいつがいて助かってたかもしれない。それがそいつ、ある時「もういやだ」って言い出して。そしたら上が「何で言うこと聞かない」って狂ったみたいに怒り出して、で、ま、いじめっていうか、そういう暴力的なことがあったみたいで。俺はそういうのはいやだから見て見ぬふりをしながら、少しずつ距離とっていったっていうか。卒業も近くなって、後のことはあんまり知らないんだけど、そいつは結局「パシリ」やってましたよね。金も「借りる」と称して取られてたみたいだし。今考えれば、俺たちの中で「パシリ」っていうのがそ

> いつの役割みたいになっていて，だからそれをやらないって言ったときに，「何で自分の役割果たさないんだ」，みたいなのが生まれて．今思えばそれはおかしな話なんだけど，その時は俺もそれ聞いて，むかついたんですよね．

　現代のいじめは深刻化し，非行との境界が薄れ，かつ加害者意識も希薄なものとなっていると指摘されている（森田ら，1994）。「ぱしり」から金品の巻き上げ，暴力による脅しへと容易にエスカレートする。先のエピソードにはそのようすが映しだされている。

　内藤（2001）は「β体験構造＝〈欠如〉からの全能希求構造」と名づけて，いじめ加害者の心理を克明に分析している。人間が安心して生きていくうえで最も原初的な基底感情として，乳児期に培われるはずの「無条件的な自己肯定感覚」を獲得できないまま成長した子どもは，自らそれを修復することができずに，その代償として，全能感を求めるようになる。そしてその全能感を満たすためには完全に自分の意のままになる対象が必要となる。いじめ加害者はその万能感を満たすために，いじめ被害者をその対象としているというのである。

　これはコフートの自己愛に関する理論をもとにすると理解しやすい。コフート（Kohut, H., 1913-1981）は自己愛人格障害と呼ばれる一群の患者の分析から，彼らが治療者に対して抱く「万能感に満ちた自分の姿を鏡のように映しだしてほしい」という転移感情を，鏡映転移と名づけた（中西，1991）。それはちょうど乳児が自分に対して万能感を抱き，それとともに自分の親を理想化するという感情を，治療者に投影したものであると考えられる。

　つまり，親（あるいは親に代わる重要な他者）はわが子が何をするにつけても，それを認め，賞賛し，ほめたたえ，乳児はそうした賞賛によって，自分の中に万能感を抱く，そのような時代がある。この際乳児が万能感を抱けるのは，親が万能感に満ちた自分を鏡のように映しだしてくれるからである。そしてそういう時代があってこそ，子どもはその後どんな失敗をしても，他者よりも劣っているという現実に直面しようと，それでも自分に自信をもって生きていくだけの基本的な自尊心を培うことができるわけである。一方，親に対する理想化は，客観的な他者への賛美へと変容していく。これが未熟な自己愛から成熟した自己愛への発達過程とされている。

　このような発達のためには，まずは「親が鏡のように子どもの万能感を映し

だしてくれる」という満たされた体験，そして次には「適度な欲求不満体験」が必要であるとされる。つまり親はいつでも万能感に満ちた子どもの姿を映しだしてくれるとは限らない。乳児が幼児へと発達するにつれて，万能感に満ちた姿を親によって鏡に映しだしてもらいながらも，適度な欲求不満の体験をかさねることで，そうした万能感を内在化させ，それが基本的な自信へと変容していくというわけである。

しかしこうした発達過程に失敗した一群の子どもたちは，成長してからもなお，自分の万能感を求めるために，万能感に満ちた自分を映しだしてくれる対象を必要としている。そしてそうした姿を映しだしてもらうことに失敗すると，彼らの万能感は崩れさるために，「自己愛憤怒」とコフートが名づけた激しい怒りをぶつけることになる。

つまりいじめ加害者は健康な自己愛を形成することができずに，自らの万能感にしがみつき，その万能感を映しだす鏡として，いじめ被害者を必要としているというのである。いじめ加害者を自分の意のままになる無力な対象とし，いじめ被害者が逃れようとすれば，「自己愛憤怒」を爆発させ，時に過酷な暴力をふるい，いじめ被害者をその立場に引きずり戻すのは，それがいじめ加害者にとって自分の万能感のために是が非でも必要なものだからである。

4 肥大した自我

「傷つきやすい自己愛」はある種の苛烈ないじめ加害者を理解するのに非常に役立つ。一方で読者は，それは限られた，深刻ないじめ加害者の病的な心理であるのではないか，という疑問をもつかもしれない。けれどもこうした傾向は多かれ少なかれ，現代の子どもたちの心理の一側面を表しているように思える。

滝（1996）はいじめ発生原因のひとつとして「肥大した自我」をあげている。「今どきの子どもたちは家庭内での争いを経験することが少なく，何か失敗をしでかしたとしても，両親や祖父母が必ずフォローしてくれるので，彼らの自我が傷つくことはまれである」と滝は指摘し，「そうした自己をそのままにして，万能感の塊のままで小学校に入学してくるといっても過言ではない」としている。さらに，個性重視の風潮が浸透した小学校に入ってからも低学年

くらいまでは，そのまま守られているが，「ところが小学校も高学年くらいになる頃から，成績などの良し悪しによる序列や容姿などの悩みといった『現実』にいよいよ直面せざるを得なくなり」，そこではじめて「彼らの自我がひどく傷つく」。そうやって自分では処理できないストレスが生じ，そこにいじめが生まれるとするのである。

　肥大化した自我の持ち主である子どもたちは，万能感から卒業しきれないために，高い目標を掲げ，しかしその目標が達成できないという現実に直面しやすい。中でもそうした葛藤下で，自分を責めるのではなく，「苛立ちを他人にぶつけたり，現実を呪うことにエネルギーを向ける子どもたち」がいじめに走りやすいと滝は指摘している。

　「肥大化した自我」という現象は現代の学校の中で切実に実感されるのではなかろうか。小学校入学後，一人ひとりの子どもたちがおそらく家でそうされているように，大人＝教師の注目をひき，賞賛を得たがる。自分の言い分は主張できても，なかなか他者の言い分との折り合いをつけることが難しい，自分が大人から常に認めてもらえないとがんばり続けることができい，うまくいかないとすねてしまう……これらは皆「肥大した自我」が見せる表情である。

　再びコフートを引き合いにだしてみよう。一次的自己愛が欠如していると，自分に対する基本的な自信を形成することができず，万能感を追求し，それにすがりつかなければ自尊心を保てない状況に陥り，万能感を満たす対象としていじめ被害者を用いることを先に述べた。一次的自己愛の獲得に成功した場合は，万能感と理想化した親イメージをもつのであるが，そこから卒業するためには「適度な欲求不満」状態を体験しなければならない。つまりすべてを満たしてくれる親ではなく，すべての欲求を満たすわけにもいかない「現実の」親との葛藤のなかで，しかしやはり親が自分を見守ってくれることを体験しながら，万能感を捨て，多少の危機があっても他者から好かれて生きていけるという自信を獲得することになるのである。ところが現代においては，家庭のなかでそのような欲求不満を生ずるような状況が少なくなり，万能感から完全に卒業しきれないというわけである。そうすると万能感は完全に内在化した「自信」に変容しきれず，いつも大人の承認を求めたり，対象から受け入れてもらったりしていないといられない，いわば自己中心的な子どもへ成長することになる

のである。

5　いじめ加害者の理解──いじめ抑止メカニズムへ──

　個人内のいじめ発生メカニズムについて，権力を剥奪され苛立つ子どもがより弱者をいじめることで権力への欲求不満を緩和するという「満たされない権力欲」のメカニズム，乳幼児期において子どもがそうであるように，自分の万能感を守るために，自分の万能感を映しだしてくれる対象が必要であるという「傷つきやすい自己愛」のメカニズム，子どもが家庭のなかで過保護にされ，自己中心的に育ち，欲求不満耐性が育たず，自分の快楽を他者の痛みよりも優先させてしまうという「肥大した自我」のメカニズムを概観してきた。

　もちろん，いじめ加害行為の個人内メカニズムを1つのメカニズムで論じることはできない。現代に生きる多くの平均的な子どもたちが，いまや肥大した自我の持ち主である。彼らは学校社会において，適度な欲求不満を体験しながら，目標に向かって努力すること，他者の気持ちを思いやって連帯すること，大勢がおもしろそうに加勢していることでも，自分の善悪の判断でそれに従わないことを，学んでいかなければならない。そして幸いにも多くの過保護に大事に育てられた多くの子どもたちが，潜在的にはその力を持ち合わせている。家庭や学校での教育による変容可能性がそこにはあるのである。「自分中心の世界」という視野から自分を相対化して「他者と自分の関係」を見ることができるようになる。小学校低学年は低学年のやり方で，高学年は高学年のやり方で，思春期には思春期のやり方で。視野の転換はくり返しらせん状に確立していくものであるから，その気づきは早ければ早いほどいい。

　しかしそのような視野の転換が困難で，長い時間を必要とする子どもたちもいる。不安に満ちたゆがんだ養育環境，人生のごく初期に形作られるべき土台の欠如は視野の転換を困難にする。「子ども社会」を相対化して，「大人社会の中に置かれた子ども」という視野で見るならば，いじめ加害者は同時に大人社会の被害者であるという構造がそこには浮かび上がる。そして子ども自身でさえそのことに気づかない。がんばろうとしてもがんばろうとしてもうまくいかない，斜めに傾斜した土台の上に自分を形作ろうとしても，それが結局はう

まくいかないという体験をくり返し強要される。その苛立ちと無力感は弱者を思いやることを困難にする。傷つきやすい自己愛の持ち主が自分の万能感を守るためには弱者に対して容易に残酷になれるのはそのためである。怒りは真に怒るべき対象に向けられず，より向けやすい対象に向けられる。

　いじめ加害者に対峙する人間が，彼らの心にかかわろうとしながらも無力感を感じさせられることが多いが，そうした無力感は，いじめを行う生徒自身が抱えている無力感でもある。一見居丈高に見えるいじめ加害者の自尊心のもろさ，怒りの背後にある無力感，そうしたものを理解する眼差しがいじめ加害者の快復への道をサポートするに違いない。いじめ抑止のメカニズムは，学校社会構造の改革，学級集団への介入，個人の認知レベルでの心理教育，さらにはこうしたいじめ加害者心理の理解に基づいた働きかけといった多層にわたる試みのなかで構築されていくものだろう。

　いじめ事件の発覚は，いじめ被害者救済のスタートであると同時に，加害者救済の好機でもありえる。快復すべきは，いじめ加害者の真の自尊心であり，そのために必要なものは，「いじめ行為」に対して厳しく対峙しながらも，「いじめ」を行った生徒の存在そのものは認め，受け入れていく姿勢であろう。いじめ行為に対して毅然とした態度をとりながらも，同時にいじめ加害者を気遣い，加害者に「あなたのことを心配し，あなたのことを手助けしたいと思っている」というメッセージを伝え続けることが重要であろう。

　いじめ加害者が，「発覚すると罰せられるから」という権力者からの罰を恐れてではなく，自らの内で，「いじめを止める」ことを可能にするのは，そうした働きかけを通してであろう。権力者と自分，自分と弱者という権力構造の世界から，大人が自分を思いやり，自分がまた他者を思いやるという内的な世界への転換である。

　いじめ抑止のメカニズムは，こうした加害者心理の理解に基づいた働きかけを基盤に，個人の認知レベルでの心理教育，学級集団への介入，さらには大人を含めた学校や社会構造の改革といった多層にわたる試みのなかで構築されるであろう。

Column ⑥ 「いじめ」現象の理解―本質は変わったか―

　いじめは昔からあったが，現在起きている「いじめ」は，様相を変えてきているといわれる。森田と清永（1994）は，現在の特徴として，いじめの可視性の低下や，立場（いじめ―いじめられ関係）の入れ替わりなどを指摘している。しかし，いじめという行動の本質は，過去と共通する部分も多くあると思われる。障害児・者や，特定の地域に住む人，外国人に対する差別やいじめは，過去から問題視されてきたが，現在と比較してどうなのだろうか。

　たとえば，近所や学校にいる障害をもつ子どもをいじめる，あるいはいじめの対象となる子どもを障害者になぞらえる，というのは，自分より劣るとされるもの，抵抗できないものをおとしめることで，自分の優位性を確かめる，という意味があると考えられる。現代社会は障害のない人々の生活を基準にした構造（競争・市場原理など）を多くもっているが，そのなかで人々は，基準に追いつけない人をいじめることで，自分たちが落ちこぼれた人間でないことを確認する。他の差別・いじめを考えても，多数派や力をもつものの構造から，何らかの点ではずれたものが被害者になる，ということは共通している。

　さて，現在のいじめ問題について考える際も，このような視点から見ると，これまでと不変の（しかしもっと深刻化している）部分もあるように思われる。子どもたちの授業時間は減る一方，ボランティア活動や日常生活にまで評価が及ぶ。「個性を伸ばす教育」というのは，じつは今まで競争しなかったことまでを競う対象にするということでもある。一方で，親世代のリストラや若年層の就職難を目のあたりにしているので，努力しても必ず報われるものではない，という認識ももっている。前述の考え方からすれば，このような状況のなかで，いじめが沈静化するというのは難しいことではないか。

　障害のある人たちに日々接している者としては，障害の有無にかかわらず，学校や地域で共に暮らしていける社会が実現することが理想である。さまざまな人々が混在する社会こそが健全な社会であるとも思う。しかし，今の状況をみると，あらゆる人々がいじめ・差別を受けることなく，日常生活を営んでいけるだろうと安心することができない。学校現場や地域でのいじめには，個々のケースそれぞれの問題があるだろうが，社会的な背景としての問題点も考えていかなければならない。

第2節

いじめを生む
集団内のメカニズム

　近年のいじめに関する研究によって，加害者，被害者以外の者，いわば直接の当事者でない児童生徒も少なからずいじめに関与し，彼らのさまざまな言動が，その形成や維持に深く関与していることが明らかになりつつある（Salmivalli et al., 1996b）。これは，いじめが，加害者，被害者の当事者間に限定された問題ではなく，学級などの児童生徒集団全体にかかわるものであることを示しており，いわば，いじめを引き起こす集団内のメカニズムに焦点を当てていくことが求められていると考えられるのである。そのためには，まず，集団内のさまざまな対人関係要因，とりわけ，各自が集団内で果たすさまざまな役割に着目して，そのメカニズムをとらえていくことがきわめて重要であるといえよう（Salmivalli et al., 1996b）。さらに，この集団的メカニズムについてより理解を深めるためには，加害者が集団内で対象となる被害者を選定する際に示す認知的プロセスや，彼らがその集団をいじめに導く戦略や手法などについても把握することが必要であると思われるのである。そこで，本節では，上記のような観点から，いじめを形成する要因に関連した研究を概観し，いじめが児童生徒集団のなかでどのように広がりをみせるか，その集団内のメカニズムについて検討を加えることにする。

1　いじめの加害状況における直接的当事者（加害者，被害者）関係について

　いじめの加害状況については，いくつかの数千人以上を対象とした大規模な

調査,研究プロジェクトによって次のような特徴が明らかになっている。

ノルウェーのオルヴェウス（Olweus, 1994）による調査によれば,いじめは,その大半が2,3人の加害者によって引き起こされていることが明らかになっている。さらに,被害者と加害者の関係を男女別にみると,女子の被害者は,60％以上が男子によっていじめを受けているが,20％近くの者は男子と女子の両方によっていじめを受けているのである。一方,男子の被害者は,男子によっていじめを受ける割合がきわめて高く,80％を超えている。

他方,英国シェフィールドにおける調査（Whitney & Smith, 1993）では,いじめの加害状況について,全般的にみると,1人の男子の加害者によって引き起こされる割合が30％以上と一番高いが,数人の男子の加害者による割合も20％を超えている。次にその状況を男女別にみると,男子の被害者は,約50％が1人の男子によっていじめを受けているが,30％以上の者は複数の男子によっていじめを受けている。女子の被害者は,主に1人の男子からいじめを受ける割合と1人の女子からいじめを受ける割合,さらに複数の男子と女子の双方からいじめを受ける割合がそれぞれ20％以上ともっと高く,複数の女子からいじめを受ける割合と複数の男子からいじめを受ける割合がそれぞれ約15％程度で続いている。

わが国の文部省が実施した児童生徒のいじめ等に関するアンケート調査（1997）によると,いじめは,2,3人の加害者によって引き起こされる割合が約半数を占めていて最も高く,1人の加害者による割合は10％から多くて20％を超える程度である。被害者の約80％は,複数の加害者にいじめを受けており,中学・高校生の女子の被害者の約20％の者は,10人以上の加害者によっていじめを受けたことが報告されている。

上記のような調査の結果を概観すると,文化的,地域的な差異はみられるが,加害状況についてある一定の傾向をうかがうことができる。第一に,いじめは,必ずしも1人の被害者に1人の加害者という関係で発生するわけではなく,その多くが1人の被害者に複数の加害者という数的バランスが不均衡な関係で発生することが示されている。オルヴェウスによれば,いじめは,加害者が被害者に対して優位な力のバランスを保持した状態で発生するものであると論じられており（Olweus, 1978, 1994）,このような加害者に優位な数的不均衡は,

いじめの発生条件を促進するような対人関係を示しているといえよう。

　次に，もうひとつの特徴としてあげられるのは，女子の被害者が，男子と女子の双方によっていじめを受けるのに対して，男子の被害者は，同性の男子のみによっていじめを受けるという両者の違いである。つまり，男子は女子によっていじめを受けることが稀有であるということが示されているのだが，上記の調査では，この結果についてほかに分析に利用できるような資料は提供されていない。そのため，今後の調査による検証が必要となるが，加害者は被害者に比べて体力的に優位であるという調査結果（Olweus, 1978 ; Lagerspetz et al., 1982）をもとに，男女間の体力差などを考慮すると，体力的に不利な女子は，男子に対していじめを行うことが難しく，逆に体力的に優位な男子は，女子に対していじめを行うことが容易であると推察することが可能である。これは，ある意味で，男女間の体力的不均衡が，加害者が被害者に示す優位な力のバランスに転化し得ることを示唆しているといえるかもしれないのである。いずれにせよ，今後，加害状況における当事者間の対人関係の男女差について，いろいろな視点から検討を進め，どのような関係において，いじめが発生しやすいかその条件をより明確にしていくことが求められよう。

2　いじめ時の児童生徒の役割について

　すでに述べたように，いじめの直接の当事者となっていない児童生徒も，何らかの形で何らかの影響を及ぼし，彼らのさまざまな言動が，いじめの発生や展開に深く関与していることが明らかになりつつある（Salmivalli et al., 1996b）。とりわけ，近年のいくつかの研究では，いじめを児童生徒の集団全体の問題としてとらえ，いじめ発生時に，おのおのの児童生徒がどのような役割を果たしているか，その集団的メカニズムが取り上げられている。

　サルミヴァリら（Salmivalli et al., 1996b）による参加役割（Participant Role）という分類では，いじめ時の児童生徒の役割は，加害者（Bully），強化者（Reinforcer），援助者（Assistant），防御者（Defender），傍観者（Outsider），被害者（Victim）の6種類に分類されている。加害者は，いじめの首謀者でいじめにおけるリーダー的役割を果たす者である。強化者は，言葉

でいじめをはやしたてるなど間接的な形での加害行為を促進する者である。援助者は，加害者がいじめを行う際に加害者の手伝いをするなど直接的な形で加害行為を補助する者である。防御者は，いじめを止めようとしたり，被害者をなぐさめるなどいじめに反対する行動を示す者である。傍観者は，いじめがあっても知らないふりをするなどいじめに対して無関心な態度を示す者である。被害者は，いじめられる者である。

サルミヴァリら（1996b）の調査結果によると，その割合は，加害者8.2%，強化者19.5%，援助者6.8%，防御者17.3%，傍観者23.7%，被害者11.7%となっている。同様の分類を用いたサットンとスミス（Sutton & Smith, 1997）の研究においても，類似した傾向が示されている。

一方，わが国の大阪市立大学の調査（1985）でも，参加役割に類似した分類がなされている。いじめ時の児童生徒の役割は，加害者，観衆，仲裁者，傍観者，被害者，被害・加害者の6種類に分類されている。加害者，被害者，傍観者はサルミヴァリら（1996b）の参加者役割とほぼ同じで，大阪市立大学の分類で，観衆，仲裁者とされているものは，それぞれ参加者役割の強化者，防御者に大筋で相当するものである。大阪市立大学の役割分類とサルミヴァリら（1996b）の参加者役割にはいくつかの相違点もあり，大阪市立大学の分類には，被害・加害者という被害者的性質と加害者的性質の両者をあわせもつ独自の役割が設定されているが，参加者役割に含まれている援助者という役割は設定されていない。このような分類による大阪市立大学の調査によれば，加害者は19.3%，観衆は10.8%，仲裁者は5.4%，傍観者38.8%，被害者が12.0%，被害・加害者が13.7%となっている。

このようないじめ時における児童生徒の役割を用いて，その集団におけるいじめの発生や展開をとらえるためには，それぞれの役割についての人数構成に着目すると同時に，それぞれの役割をいじめに加担する側と加担しない側に取りまとめて，その構成割合を分析することが必要であると考えられる。オルヴェウス（Olweus, 1978）によれば，児童集団において，いじめを非難し，反対する者の勢力が強ければ，いじめの発生や悪化が抑制されやすくなることが論じられており，さまざまな役割を示す児童生徒たちが，いじめを促進するか，抑制するかという観点から彼らの役割構成を分析していくことで，両者の力学

関係が把握できるといえよう。

　上記2種の分類によって得られた児童生徒の役割をいじめに対する加担の有無という視点でとらえると，次のような特徴がうかがえる。サルミヴァリらの調査（1996b）で得られた参加者役割における加害者，強化者，援助者を加害者グループに，防御者，傍観者，被害者を非加害者グループに分類すると，非加害側の割合が加害側の割合を上回っていることが示されている。また，大阪市立大学の調査（1985）で得られた加害者，観衆は加害者グループに，仲裁者，傍観者，被害者は非加害者グループに分類すると，非加害側の割合が加害側の割合を大きく上回っていることが示されている。このようないじめに対する加担，非加担側の構成は，学級集団のいじめに対する許容度を大まかに表していると推察することができる。

　しかしながら，上記のように児童生徒の役割を加担，非加担側に分類し，その力学関係を分析するだけでは，以下に述べるいくつかの問題を見落としてしまうことがあり，十分ではない。

　1つめの問題は，傍観者がいじめの発生や展開に及ぼす影響については，必ずしも明確ではないことである。サルミヴァリら（1996b），森田と清永（1994）によれば，人がいじめられているのを無視することはいじめに直接的に加担することではないが，加害者側には暗黙の了解と解釈され，結果的にいじめを促進する可能性があると論じられている。そのため，傍観者の果たす役割を，単純にいじめの抑制に関与する側とするのではなく，促進に寄与する側としてとらえるほうが適切であるのかもしれないのである。したがって，傍観者のとる行動について，十分情報なしにそのような役割を示す者をいじめに加担しない側としてとらえてしまうことは，いじめ集団の力学関係を理解することを妨げる恐れがあるのである。

　さらに，もう1つの問題は，大阪市立大学（1985）において取り上げられている被害加害者がいじめの発生や展開に及ぼす影響についても定かではないことである。サットンとスミス（1999）は，被害・加害者の双方の役割を果たす者について，加害者側の亜形である者と被害者側の亜形である者にさらなる分類をすることができるのではないかと論じている。たしかに，加害行為に自らが積極的に加担しながら時として反撃を受ける者と，ふだんから加害者グ

ループからの攻撃を受けているために彼らの命令に従わざるを得ないような状態でいじめに加わる者では、加害行為への寄与や関与の性質や度合いは大きく異なっているといえよう。そのため、学級集団のいじめに対する許容度を理解するには、この被害加害者について、より詳細な検討が必要となるのではないかと判断されるのである。

3 加害者の社会的認知による"被害者のトライアウト"について

ペリーら（Perry et al., 1990）の攻撃行動に関する研究によると、加害者は、攻撃行動を行う際、やみくもに他の児童生徒をターゲットとして攻撃を加えるわけではなく、その児童生徒集団の成員に対して緻密な社会的認知を形成し、被害者となる者を選び出していると論じられている。それによれば、攻撃行動の加害者は、さまざまな児童生徒に対して攻撃行動を行う際に、彼らの反応をもとにして、「どのような結果が生じるか判断する認知（outcome expectation）」、またそのようにして生じた結果が「自分にとってどのくらい重要であるかその価値判断を行う認知（outcome value）」などを形成し、被害者に適切な者を選び出す"try out"を行うことが示されている。

いじめにおいても、以下のような研究によって、特定の性質を示す者がいじめのターゲットに選定されていることが示唆されている。オルヴェウス（Olweus, 1978）によれば、多くのいじめの被害者は、集団内で不人気で、自己主張が少なく、体力的に弱いなどの性質を示しており、加害者は、攻撃を行っても、反撃や非難を受ける可能性が少ないと判断した者を被害者として選んでいる可能性が高いのである。

また、サルミヴァリらのいじめの被害者の性質に関する研究（Salmivalli et al., 1996a）では、被害者を反撃型（Counteraggression）、無力型（Helplessness）、無関心型（Nonchalance）の3つのタイプに分類して、どのタイプの被害者が、加害者のターゲットになりやすいか調査が行われている。その結果、男子においては、加害者に反撃を行ったり、時に挑戦的な態度や行動をとりやすい反撃型が、女子においては、反撃型と、いじめられると何もできず逃げ出したり、自分ではどうすることもできずに教師や親にいじめられたことを報告するよう

な無力型が，いじめの発生や維持を促進することが明らかになっている。とりわけ，反撃型の被害者が加害者に行う仕返しは，効果的でない無力なもので，加害者が容易に制圧できるだけでなく，周囲の者たちに"こっけいな見世物"を提供するという報酬をもたらすので，格好の餌食として選定されやすいのではないかと論じられているのである（Salmivalli et al., 1996a）。また，オルヴェウス（Olweus, 1978）が論じるところによると，短気で挑発的な被害者は，その攻撃的行動や態度によって，周囲の者をいらだたせることが多く，加害者がいじめを行うことを容易にするような条件を提供しやすいとされており，このような者が，いじめの被害者として選ばれやすいのではないかと推察されるのである。

　他方，女子においては，無力型の要素を示さない被害者が，男子においては，いじめを受けても，反撃をしない者や，冷静な態度で，あたかもそれを気にかけていないようなふりをする無関心型の被害者が，いじめを減少させたり，防止させる傾向が強いことが明らかになっている（Salmivalli et al., 1996a）。

　このように，いじめの加害者が，どのような社会認知的判断によって被害者を選定するか調査，分析を行うことは，潜在的に被害者となりやすい児童生徒を未然に発見し，そのターゲットとなりうる行動を修正して，いじめの被害が集団内に広がることを防止するうえでおおいに役立つのではないかと考えられるのである。したがって，教育現場などで実施するいじめに対する介入法を開発，促進するためにも，このような研究の重要性が高く，その発展が急務であるといえよう。

4　加害者が児童生徒集団をいじめに導く戦略・手法について

　加害者に対する伝統的なステレオタイプでは，彼らは強権的で，他人の感情や態度に鈍感な人物であるというように社会的技能欠陥モデル（social skills deficit model；Crick & Dodge, 1994参照）に沿ったかたちで論じられてきた（Sutton et al., 1999a, 1999b；Sutton, 2001；Aresenio & Lemerise, 2001）。ところが，いじめを行う際に集団内において，いじめを非難し，反対する者の勢力が強ければ，いじめを実行することが難しくなるのであり（Olweus,

1978），サットンら（Sutton et al., 1999a, 1999b）は，加害者がいじめを効率的に行うためには，加害行為に協力，賛成する者を組織する必要があり，協力者を納得させるような何らかの集団操作活動が必要となると論じている。つまり，児童集団内の者をコントロールしていじめに導くためには，他人の感情や態度を理解し，操作していく社会認知的技能が必要であると推察されるのである。とりわけ，被害者の無視や，うわさの流布，友人関係の妨害などで彼らの対人関係を操作し，孤立化させるなど社会的な側面に被害を与えるタイプで，近年注目されている対人関係的いじめ（間接的いじめ）においては，このような社会認知的技能を利用することなくしては，いじめを実行することが困難であるといえるのである（Sutton et al., 1999b）。

中井（1996）のいじめのメカニズムに関する議論によると，加害者は，孤立化，無力化，透明化という3段階の操作を用いて，児童生徒集団をコントロールしていじめに導くことが論じられている。まず，加害者は，被害者のささいな欠点や失敗をあげつらって，いじめの原因が被害者にあることを印象づけ，被害者を加害者に仕立てて孤立化させる。次に，被害者が行う反撃を，徹底的な懲罰的方法で粉砕し，被害者を無力化させる。そして，このような状態を固定化させることによって，被害者への内面的な支配を強め，いじめを甘受させるよう仕向けて，いじめを透明化するとされている。

これらの論議をまとめると，加害者が，このように児童生徒集団の成員全体をいじめに導いていくには，彼らがたんに高圧的な方法で加害行為を行っていくことだけでは十分ではなく，周囲の者の感情や態度に敏感に反応し，彼らの支持を得るべく社会的，認知的な工作活動を適切に行って，集団をコントロールしていると想定されているのである。

実際，加害者の児童生徒集団内における人気や社会的ステータスをみると，その高圧的,加害的な行動パターンがだれの目にも明白であるにもかかわらず，集団内における人気や社会的ステータスは，必ずしも極端に低いものとはいえないのである。いくつかの研究では，加害者の人気は，平均と同じか，やや低い程度のものであると報告され（Olweus, 1978, 1994；Andreou, 2001），さらに，男子においては，いじめの加害行為が友人の人数や人気とポジティブな相関を示す（Olweus, 1978），女子の加害者は，高い受容（acceptance）と高

い拒絶（rejection）を受ける（Salmivalli et al., 1996b）などの結果さえ示されている。このようなことから，元来，周囲の者から強い拒絶を受けると考えられる加害者が，集団内の一部で，ある一定の支持を集めているのではないかと推測することができるのである。

そこで，いじめに関する加害，被害の立場を考慮して交友関係に焦点を当てると，加害者は，全般的には不人気であるが，彼らは加害者相互で友好的な関係を築いていることが報告されている（Pellegrini et al., 1999）。さらに，より詳細にいじめ時の役割をとらえて，その児童生徒集団内の交友関係を分析したサルミヴァリら（Salmivalli et al., 1997）によると，いじめ時に類似した行動をとる者どうしが，それぞれの小グループを形成していることが明らかとなっている。それによれば，加害者，強化者，援助者などいじめの加害行動に加担する者たちは，そのような行動的特徴を示す者どうしでグループを形成しており，そのグループは，いじめを止めようとする防御者や，傍観者，被害者などが形成するグループより規模が大きいことが示されている。これは，ケアンズら（Cairns et al., 1988）の"攻撃行動を示す児童生徒は，攻撃に加わらない者からは拒絶されるものの，高い攻撃性を示す者たちから支持される"という調査結果に符合するものであり，加害者が，自らの加害行動に賛同する者たちを集めて，いじめを行うためのネットワーク作りをしているとみなすことが可能である。

さて，すでに述べたように，このような仲間作りを行うためには，周囲の者の感情や態度を敏感に感じとり，彼らの支持を集めるような技能が必要であると考えられるのであるが，加害者が社会認知的技能にすぐれ，集団をコントロールする能力にたけているということを示唆する結果が，サットンら（Sutton et al., 1999a）の研究によって明らかにされている。それによれば，加害者は，集団内で人々の行動を認知したり，感情を理解したりする社会認知的課題において最も高い得点を示しており，彼らの得点はいじめを手伝う者，被害者，いじめを止めようとする防御者の得点を有意に上回っていることが明らかになっている。これは，加害者が，児童生徒集団内でその成員の行動や感情を的確に把握し，集団をコントロールしていく能力をもっていることを示唆しているものと考えられるのである。

前述のように，中井（1996）によれば，加害者は，集団をいじめに導く過程において，被害者のささいな欠点や失敗をあげつらって，いじめの原因を被害者に押しつけるなどの正当化の作業を行っていると論じられている。実際，65％以上の加害者は被害者に悪いところがあるのでいじめた（森田・清永，1994），約半数の児童はいじめは理由によっては悪いとはいいきれない（京都市教育研究所，1983）などの正当化を行っていることが報告されている。社会的学習理論によれば，攻撃行動を行う者は，自己の加害行動を正当化する認知をもって，自己の罪悪感をやわらげ，同時に，彼らの行動が正しいあるいは許されるものであると周囲の者を納得させて，その攻撃を維持するのであると論じられている（Bandura, 1973）。いじめにおいても，加害行為を行う者は，自己の罪悪感を緩和し，また，周囲の者にその加害を正しい，許されるものであると説得する必要性から，正当化の認知を示す傾向が強いこと，そして，自己の加害行為を他の児童生徒にうまく認めさせるために，ある特定の正当化のストラテジーを示すことなどが推測されるのである。

このような観点から，いじめ時の役割と正当化の頻度，そのストラテジーとの関連を調査した研究によれば（Hara, 2002），次のような傾向が示唆されている。いじめに加担する者たち（加害者，強化者，援助者）は，高い割合で正当化の認知を示している。さらに，児童生徒が示した正当化の反応を分析すると，加害者，被害者，援助者は，それぞれのいじめに関するかかわり方を正当化するため，ある特定の正当化のストラテジーを示す傾向が暗示されている。加害者の正当化に関しては，その100％が，いじめの責任を被害者に押しつけるようなストラテジーを示している。これは，彼らがだれの目にも被害者を中心になって迫害していることが明白であるため，被害者を加害者にすり替えるような認知を示していると解釈することが可能である。また，強化者，援助者に関しても，その特徴的な正当化のストラテジーに着目すると，それぞれ以下のような傾向がうかがえる。間接的な形で加害行為に加わる強化者は，その20％弱が，目に見えるような形で危害を与えていないとする実害の否定というストラテジーを，一方，加害者に従って行動する援助者は，他人に従っているので加害の責任は自分にない（13.3％），または，グループや仲間への連帯や忠誠のためにやったなどとするストラテジー（13.3％）で加害行為への主体

性を否定し，部分的，従属的な立場を強調するような反応傾向を示しており，それぞれが自己の行動を周囲の者に認めさせるのに役立つような正当化を行っていると考えることができるのである。

ここで，注目されるのは，全般的傾向として，被害者を非難して彼らにいじめの責任があるという正当化のストラテジーを示す割合がきわめて高く，被害者が示した正当化の反応に関しても，その60％以上が彼ら自身にいじめの責任があるとしていることである（Hara, 2002）。これは，ラーナー（Lerner, 1980）の"Just World Theory"（正しい人間は報われ，悪い人間は罰されるという信念）を想起させるものであるのだが，加害者が社会的技能にすぐれ，集団をコントロールする能力にたけているということを示唆する結果（Sutton et al., 1999a）が示されていることを考慮すると，このような被害者に責任を転嫁するような認知が，加害者の社会的，認知的工作によってもたらされたものと考えることが可能である（Hara, 2002）。そして，それが加害者の工作によるものであるならば，本来，いじめを受ける側で，自分にいじめの責任があるなどと考えるはずがないと思われる被害者において，自己に責任を帰するような反応が数多くみられることは，加害者の影響力がきわめて強く，集団全体に及んでいることを示していると推測することができるのである。

このように，加害者が，児童生徒集団をいじめに導く戦略，手法について論じてきたが，彼らの社会認知的技能については，調査，研究の総数が少なく，未だそのメカニズムについて詳しい情報や理解が得られているとは言いがたい。そのため，上記のような資料のみをもって，決定的な結論を出すことは早計であるといえよう。今後，このような分野で多くの調査，研究により十分な検証がなされることが必要であり，それによって獲得された知見をいじめの防止をめざしたクラス全体への指導に生かしていくことが望まれるのである。

第2節 ■いじめを生む集団内のメカニズム

Column ⑦

新潟の伊藤君事件（1995年11月27日）―出席番号の書かれた遺書と連絡ノートの日記―

「僕の人生そのものをうばっていきました」と同級生のいじめを告発する遺書を残し、新潟県上越市内の中学校1年生、伊藤準君（13歳）が自殺した。前日の26日、祖父に頼んで倉庫に固定してもらったバスケットゴールにロープをかけ、首を吊った。愛知の大河内清輝君がいじめを苦に自殺してからちょうど1年後である。遺書はゴール下に置いた靴と、自室の引き出しの中から見つかった。遺書の最後には「平成7年11月23日，A中1年5組3番，伊藤準」と出席番号まで書かれていたのが印象的である。また、遺品の中からは思いのたけをつづった日記が見つかった。11月22日付には「自殺しようと考えた。遺書も書いたし」とあり、翌23日付では「PM4：30とびおりる」「もう場所も見つけた」と書かれていた。しかしそこから24日の欄まで矢印を引っぱり、「この世にまだまだみれんがある」と記されていた。これらは担任との連絡に使う「学習と生活の記録」に書かれていた。

学校側が遺書に名前のあった5人の生徒から事情を聴いたところ、「ズボンを脱がせ水をかけた。伊藤君の父親から自宅に出入りしないよう告げられて以来、伊藤君を無視し続けた。伊藤君にねたみを抱いていた」などいじめの事実を大筋で認めた。この5人は夏休みごろまでは伊藤君の家に遊びに行くほど親しかったが、伊藤君の父親から怒られたことや、スポーツなど学校生活を頑張っている伊藤君に対するねたみから、10月下旬から無視するようになった。伊藤君は1学期は学級委員長に選ばれ、成績もよく、欠席もなかったので、担任の目には特に問題がある生徒には見えなかった。

新潟県警は1996年1月29日、同級生の男子生徒3人（12歳と13歳）を保護者立ち会いのもとで児童福祉法に基づき「注意・指導」した。児童福祉法では、14歳未満の「触法少年」については保護者の監護に耐えられるものは保護者に引き渡すことができるとし、刑法でも「14歳未満の行為は罰しない」と規定しているため、県警は今回の措置で調査を終了した。その後1998年11月、両親が上越市を相手に約6000万円の損害賠償を求めた。2002年3月新潟地裁高田支部は「いじめの核心を占めていたのは無視であり、第三者からの発見は困難だった」として、両親の請求を全面的に退けた。両親は判決を納得できず、東京高裁に控訴した。そして2003年6月23日、和解協議が成立し、控訴は決着をみた。

Column ⑧

千葉の鈴木君事件（1998年3月20日）──異例のスピード逮捕

　千葉県成田市内の中学校2年の鈴木善幸君（14歳）が自宅の倉庫で首を吊って自殺したのは、1998年3月20日のことだった。その5日後の3月25日、千葉県警少年課と成田署は、鈴木君から現金を脅し取ろうとした同校の卒業生の少年（17歳）を恐喝未遂と傷害の疑いで逮捕し、同校2年生男子生徒（14歳）を任意で取り調べた。それによると、少年らは1998年3月上旬、少年に借金のあった別の2年生の男子生徒（14歳）に金を貸すよう鈴木君に要求した。それを鈴木君が断ると、借金のあった生徒にバタフライナイフを渡し、鈴木君を脅して金を借りさせようとした。この生徒が断ると、殴ったり右手にタバコの火を押しつけるなど、10日のけがを負わせた。少年らは他の恐喝事件にも関与しており、「放置すると第二の犠牲者が発生しかねない」とスピード逮捕となった。

　鈴木君の自殺の背後には先輩からのたび重なる恐喝があった。両親あての遺書には「○○（原文では実名）せんぱいにおどされて8万円はらった」と金を脅し取っていた先輩の実名をあげ、「ぽこぽこにされるなら死んだほうがましだ」「これいじょうはらえない」などと書かれていた。さらに別の封筒には1万円札が1枚入っており、遺書には「かあちゃんにかえす」とあった。自殺前、母親の財布から計8万円がなくなり、家族が心配して「金をとられているのか」と聞いたが、鈴木君は否定していた（毎日新聞，1998.3.21）。1997年の秋、鈴木君は卒業生1人と3年生3人から「3万円持ってこい」と脅された。金を工面するため同級生から3万円を脅し取り、この同級生の両親が学校や警察に訴えたため謝ったということがあった。その1週間後、別の3年生から「学校に話したと思い、腹が立った」という理由で、市内の公園で腹などを殴られていた（朝日新聞，1998.3.21）。また2月ごろから鈴木君を呼び出す不審な電話が頻繁にかかるようになっていた。鈴木君も出るのを嫌がっていたので取り次がないでいると、夜中までかかり続けた（毎日新聞，1998.3.21）。

　逮捕の知らせを聞いた鈴木君の両親は「これで善幸も安心して眠ることができるでしょう」と語った。だが、「だれかが死をもって訴えなければ警察も学校も動かなかったことが残念」と学校に対する不信感ものぞかせていた（読売新聞，1998.3.25，夕刊）。その後千葉家裁は主犯格の少年を中等少年院送致の保護処分に、同級生の男子生徒を監護措置とした。

第3節 いじめ加害者の形成プロセスといじめの意味

1 いじめ加害者の形成プロセス

　いじめ加害者の形成要因としては，大別して，当人の気質（ないしパーソナリティ），家庭要因，学校要因，社会要因，マスコミ等のメディア要因が考えられる。以下に，乳児期から青年期の各時期のいじめ加害者の形成要因について，検討を加えたいと思う。

1 ── 乳児期

　乳児期の要因としては，何と言っても親の養育態度をはじめとする家庭要因の影響が非常に大きい。この時期の家庭要因について言及している理論は数多いが，そのなかから，母子関係を記述している代表的な理論として，ボウルビィ（Bowlby, J.）の愛着（アタッチメント）の理論，クライン（Klein, M.）の発達理論の概要を紹介し，いじめ加害者の形成について論じたいと思う。

　エインズワースと彼女の共同研究者（Ainsworth, 1967；Ainsworth et al., 1971）は，ボウルビィの愛着理論に基づいて，①安定型（乳児は母親との分離の際に多少の混乱を示すが抵抗型ほど強くはなく，見知らぬ人の慰めを受け入れることができる。また母親との再会時には積極的に身体接触を求め，容易に落ち着きを取り戻す），②回避型（乳児は母親との分離の際に混乱を示すことはほとんどなく，見知らぬ人とでも気楽に過ごせる。また再会時には顔をそむけるなど母親をはっきりと避けようとする），③抵抗型（母親との分離の際

に強い混乱を示す。また再会時には母親に身体接触を求める一方，怒りを示すなど矛盾した態度を示す）という3つの愛着のタイプを提唱した。そして，その後のいくつかの研究から，安定型の愛着タイプの乳児は，自らの生活環境をより積極的に探索するなどのポジティブな社会志向性を発達させるが，安定した愛着を欠く乳児（回避型および抵抗型）は，社会的関係を結ぶことに臆病であり，不安を抱く傾向があることなどが指摘されている。つまり，この時期に不安定な愛着を形成してしまうことが，現在，ひいてはその後の対人関係に悪影響を及ぼし，いじめ等の攻撃的行動とも深いかかわりをもつのではないかと考えられる。

　また，精神分析の対象関係学派の流れに属するクラインは，早期の母子関係における子どもの内的世界についての吟味を行い，妄想―分裂態勢（paranoid-schizoid position）から抑うつ態勢（depressive position）への発達が，子どもの心の発達に関して重要であると考えた。妄想―分裂態勢の特徴としては，同一の母親という対象に対して，乳児は，自分に満足を与えてくれる場合には「良い対象」，自分に欲求不満を与える場合には「悪い対象」というように分裂して体験されることがあげられる。つまり，3か月ごろの乳児は，母親が自分に満足を与えてくれる場合には，それを心地よい対象として経験し愛情に満ちた欲動を母親に向けるが，そうでない場合には，悪い対象として破壊的・攻撃的な欲動を向けると考える。その後，通常，6か月ごろになると抑うつ態勢へと移行し，今まで「悪い対象」と思っていたものも同一の対象であることに気づき，乳児は，自分がこれまで敵意や攻撃性を向けていたことに関して抑うつに満ちた罪悪感を経験するようになるが，母子関係の失敗により子どものなかに抑うつ態勢が成熟した形で発達していかない場合に，妄想―分裂態勢で示されるような破壊的な攻撃性が顕在化する余地を残してしまうということになる。このような「心の発達の欠損」が，その後のいじめ等の攻撃的行動の要因となることは，容易に予想することができる。

2――幼児期

　幼児期に入ると，生活範囲の拡大とともに，家庭要因のみならずテレビ等のメディア要因の影響を受けはじめる。これを説明する理論としては，バンデュ

ーラ（Bandura, A.）の社会的学習の理論があげられる。バンデューラは，他者の行動を観察することにより人間の学習が成立することを示したが，幼児期では，仲間関係の発達やテレビ等のメディア要因への接触などが開始されることから，これらの要因の影響が大きくなる。

たとえば，バンデューラ（Bandura, 1965）の実験では，大人が攻撃的行動を行っている映像（ただし，①攻撃的行動を行った人物が報酬を受ける，②攻撃的行動を行った人物が罰を受ける，③攻撃的行動を行っている映像のみを見るという3つの条件を設定）を幼児に見せた後に，幼児に同様の部屋で自由に遊ばせたところ，①と③の条件において，幼児がより多くの攻撃的行動を示すという結果が得られ，「観察する」だけで，攻撃的行動が学習される可能性が示唆された。つまり，子どもが日常，身近で（家族や仲間関係，テレビなど）攻撃的行動を目にする機会が増えればそれだけで攻撃的行動を学習してしまう可能性があるし，場合によっては，「自らが頻繁に暴力を受ける」ことにより，暴力を肯定的なものと認識してしまう可能性があると考えられる。夫婦ゲンカや虐待なども，これに含まれるであろう。

また，ボーンとウォータース（Vaughn & Waters, 1981）が，ソシオメトリック指名法を使用して幼児の仲間関係について分析を行ったところ，ポジティブ指名得点は仲間との相互作用の頻度や仲間との会話量と有意な正の相関が得られた一方，ネガティブ指名得点はいじめやからかい，敵対的行動と有意な正の相関が示された。これは，攻撃的行動が仲間関係における不人気を生むということも考えられるが，逆に言えば，仲間関係における不人気が攻撃的行動を増加させるという解釈も可能であり，この点も，幼児の攻撃的行動の形成において，重要な要因となる可能性があるのではないかと考えられる。

3 ──児童期

児童期になると，これまでの要因に加えて，小学校入学により学校要因や社会要因の影響が強くなる。この時期の児童のいじめ等の攻撃的行動の形成を包括的に説明する理論として，ダッジ（Dodge, K. A.）の理論があげられる。

ダッジ（Dodge, 1993）は，攻撃的行動（行為障害）の形成に関する理論モデルを提唱した。それによれば，身体的虐待や攻撃的なモデル，不安定な愛着

等の不利な「初期経験」が，外界に対する敵対的なスキーマ，攻撃的な反応レパートリー等の悪意に満ちた「知識構造」を形成し，それが敵対的なものに対する過剰な敏感性や攻撃についての肯定的な結果の予測等の偏見に満ちた「社会的情報処理」につながり，その結果として攻撃的行動が発現するというものである。いじめ等の攻撃的行動をくり返す児童のなかには，まさにこのモデルに適合する者が多く存在するのではないかと推測される。鈴木（2000）によれば，多くの研究が，攻撃的な子どもは焦らされたり，挑発された時に攻撃的に反応しやすいことを報告しているが，これはそれらの子どもが上記の「社会的情報処理」の面で問題を抱えていることを示唆するものと考えられる。

次に，学校要因を取り上げいくつかの具体的な研究を紹介すると，まず，いじめ加害者の学校での交友関係における人気について検討した研究では，彼らの人気は平均的ないしはやや低い程度（Andreou, 2001），あるいは平均より低いが被害者よりも高い（Lagerspetz et al., 1982）など，必ずしも極端に低くはないことが，また，学校生活への適応（自尊感情や学業成績）に関しては，大筋で問題のないことが示されているが（Olweus, 1978），彼らの学校生活に対する幸福感は低く（Rigby & Slee, 1993），自己の置かれている役割や状況を受容する能力に欠けていることが（Lagerspetz et al.,1982），さらに，学校でのストレスについては，それが友人との人間関係に大きく左右されるとともに，ストレスといじめには関連があること（長根，1991），などが報告されている。これらより，いじめ加害者の形成には，学校生活のさまざまな面が影響を与えていることが推測されるが，彼らの学校での幸福感の低さや友人関係のストレスという点には，特に注意を払う必要があるのではないかと考えられる。

社会要因に言及した指摘としては，鈴木（2000）があげられる。鈴木は，いじめの原因のひとつとして，「地域の教育力の低下」を取り上げ，「ひと昔前までは，隣近所の子どもたちの顔や名前を知っているのは当たり前，顔や名前を知らない子どもでも，悪さをしていれば遠慮なく怒鳴り諭すおじさん，おばさんがいた。今は，近所の子どもの顔も名前も知らず，あるいは知ろうともせず，子どもの悪さも見て見ぬ振り，さわらぬ神に祟りなしで過ごす大人が多くなった。……地域はいわゆるギャング・エイジ（徒党時代）の具現の場であ

った。このギャングの中で昔、子どもたちは、喧嘩したり助け合ったりして、人間関係の複雑さの原型を学んだのである。このような機会の減少ないし消滅は、子どもたちの間の軋轢、喧嘩の体験を減少させ、人間関係における欲求不満の経験不足をもたらすこととなり、それが今の子どもたちのいじめの歪みに反映していると推論し得る」と述べている。この「地域の教育力の低下」の問題に関しては、図2－1に示す、総務庁青少年対策本部（1999）の資料からも読み取ることができ（たとえば、「よその家の子どもを叱らなくなった」の肯定率が44.7％、「都市化の進展などにより、隣近所に無関心な人が増えた」の肯定率が38.2％）、これらが子どものいじめ等の攻撃的行動を助長させたり、抑止できない原因のひとつであることは、疑問を差しはさむ余地はないと考えられる。

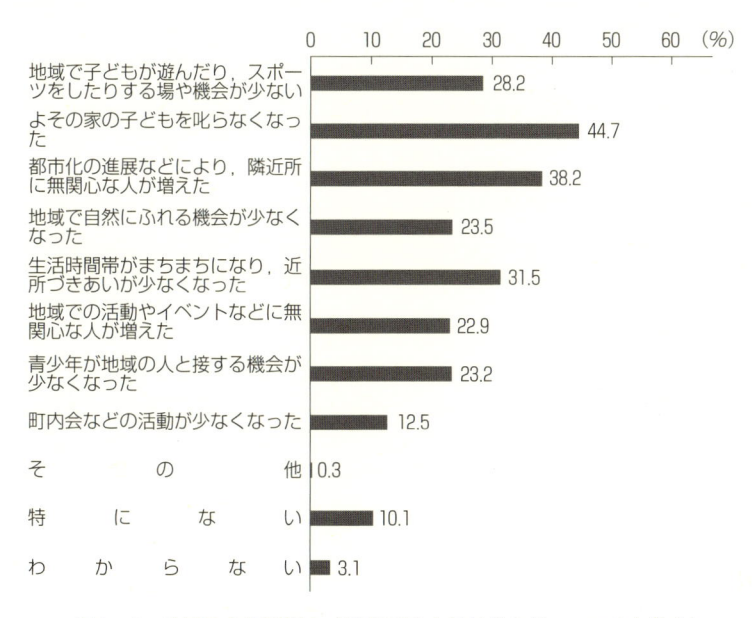

項目	％
地域で子どもが遊んだり、スポーツをしたりする場や機会が少ない	28.2
よその家の子どもを叱らなくなった	44.7
都市化の進展などにより、隣近所に無関心な人が増えた	38.2
地域で自然にふれる機会が少なくなった	23.5
生活時間帯がまちまちになり、近所づきあいが少なくなった	31.5
地域での活動やイベントなどに無関心な人が増えた	22.9
青少年が地域の人と接する機会が少なくなった	23.2
町内会などの活動が少なくなった	12.5
その他	0.3
特にない	10.1
わからない	3.1

図2－1　地域社会の問題点（総務庁青少年対策本部，1999より作成）

4──青年期

　青年期では、冒頭で指摘した5つの要因、すなわち、当人の気質（ないしパーソナリティ）、家庭要因、学校要因、社会要因、マスコミ等のメディア要因

が複雑に入り組んだ形でいじめが形成されると考えるのがよいであろう。また その際に、これまでよりいっそう、社会要因やメディア要因の影響が強まると 考えればよいであろう。

千石（1995）は、現代の日本社会を「閉塞社会」と呼び、次のように、こ れが、子どものいじめ等の「うっぷん晴らし」を生む要因となっていることを 指摘している。少々長文になるが、引用してみたいと思う。

> ……もう一つ重要なのは教育における「平等主義」である。この平等主義が挫折感、劣等感を生み「うっぷん晴らし」の温床になっていると考えられる。企業の雇用システムは、教育システムを規定する傾向がある。終身雇用と年功賃金は、大学の序列を決定し、教育システムに決定的な影響を与えていた。給料、週休制、福祉施設、など何をとっても、大企業への就職は中小企業への就職より有利だった。実情はより有利なための競争の教育現場への浸透である。……日本の社会構造の中核ともいうべき雇用システムは、企業家族主義であり、年功序列という能力でない平等主義であった。しかし、経済の発展とともに、企業のヒエラルヒーが明確になるにつれて、偏差値偏重主義が台頭してきた。企業を支える原理は日本の教育にも波及し、たてまえの「平等主義」を貫こうとしていた。しかし、企業ヒエラルヒーが明白になり、月給も週休も大企業と中小企業とで違うことを知って、教育の内容も能力主義に変わった。しかも、幾つかの科目の偏差値だけで決める「差別」教育になった。ほんねのところでは、はっきり「差別」に移行していったのである。40名内外のたてまえとしては「平等」であるべき生徒たちは、実質的に序列づけられ差別化された。「たてまえ」と「ほんね」が分かれて、日本中の子どもたちにいいようのないプレッシャーを与えることとなった。そこに「ついていけない子」「落ちこぼれ」などの「うっぷん」を生むことになった。……平等主義のたてまえと偏差値偏重主義の自由競争は、子どもたちの世界に、社会のあり方とはあまりにかけ離れた息苦しい閉塞社会を生んだといえよう。……かくて「閉塞社会」「息のつまる社会」が日本の社会構造から必然的に生まれたのである。

この指摘にあるように、現代の日本社会にはびこる「たてまえ」としての平等と、「ほんね」としての「差別」という点は、子どもをおおいに苦しめる部分があるのは間違いないであろう。子どもは、そもそも多様な個性をもった存在である。それらが平気でないがしろにされる社会では、子どもは生き生きと生活できないし、ましてや、「偏差値競争」に敗れた子どもたちは、言いようのない怒りを抱くことになり、その一端が「弱者に対するいじめ」として発現しても、何ら不思議とはいえないと考えられる。

以上、乳児期から青年期にわたる各時期のいじめの要因をたどることにより、

いじめ加害者の形成プロセスについて記述した。乳幼児期からの多様な要因が，いじめ加害者の形成に寄与していることがわかる。

続いて，いじめ加害者が「いじめ」を行う意味について，考察を加えてみたいと思う。

2 いじめの意味

朝日新聞の1997年12月22日付朝刊に，「いじめ考 いじめる側は 2」というコラムが掲載された。ここでは，ある大学教員が，112人の大学生を対象に「いじめの面白さ」について自由記述の調査をした結果が報告されている。

それによれば，記述数の順位1位（全体の約6割が回答）は，「優位に立てる」「相手より強く，偉くなったような（気分）」「自分のやり方，考え方に従わせることができる」「自分が一番強いんだぞ，すごいだろう，という感じ」「支配者になった気分」「勝ち負けにこだわる心から，自分が相対的に上に立った気になる」「みんなの中での自分の地位，位置を確立していくことができる」などの「優越感」がもてるというもの，第2位（約3割が回答）は，「スキッとする」「いい気味」「罪の意識を感じずにストレス解消できる」などの「ストレス解消」，第3位（約1割が回答）は，「平凡な毎日が，いじめで変化のある楽しい毎日になる」「遊ぶことのできなくなった子どもたちの新しい遊び」などの「ゲーム感覚」となっている。

この報告にあるように，現代の青少年にとって，「いじめ」とは，非常におもしろくてやめられないものらしい。「いじめ」は，そもそも発達的に未熟な加害者によってなされるものであり，けっして容認できるものではないし，そこに積極的な「意味」を見いだすことなど本質的に不可能である。とりわけ，被害者の立場からすれば，「意味」など見いだせるはずがない。つまり，このような回答結果は，常識から考えれば，それ自体不可解な気さえするが，これも参考にしつつ，あえて加害者の立場からとらえたいじめの「意味」について，次に考えてみたいと思う。

ダラード（Dollard, J.）の欲求不満—攻撃仮説によれば，人間は，欲求不満や葛藤を抱えると，それを低減させようとして攻撃的行動を行うとされてい

る。いわゆる,「憂さ晴らし」である。つまり，この説によれば，青少年は，彼らが日常生活で抱えているさまざまな欲求不満やストレスを，手っ取り早く，いじめ等の攻撃的行動の形で発散させているということになる。それでは，青少年が抱えている欲求不満とはどのようなものであろうか。ある者は親との関係や友人関係がうまくいかないという欲求不満かもしれないし，別のある者は勉強が苦手で，学校に行くのがつらいという欲求不満かもしれない。あるいは，千石（1995）のいう「閉塞社会」が生み出す目に見えないさまざまな欲求不満があるのかもしれない。このような欲求不満は，個人によって質・量ともまったく異なるし，また，それに耐えることができる限界も，個人によって大きく異なる。さらに，「攻撃」の表出の仕方も，言葉によるものから物や人に危害を加えるものまでさまざまなものがある。しかし，いずれにおいても，「攻撃」に頼るのは，やはり心理的に未熟な証拠であるし，通常，社会的にも容認されるものではない。それにもかかわらず，「攻撃」に頼るというのは，それ以上に「スカッとするという快感が心地よい」ということになるからであろう。

　つまり，この説に基づいて，あえて加害者にとってのいじめの「意味」を考えると，「スカッとする快感」ということになるが，これは，通常，その後に「深い後悔」が待ち受けているのが必然であり，高い代償との交換になるということは言うまでもない。

　いじめ加害者にとってのいじめの「意味」を考えるうえで，もうひとつ参考になる学説は，スキナー（Skinner, B. F.）による強化理論である。この理論に基づいて「いじめ」を説明すると，「いじめ」は何らかのプラスの成果（すなわち「強化」）を得るために行われるということになる。プラスの成果としては，「金品」や「仲間からの注目・賞賛」「仲間のなかでの地位」「優越感」などがあるが，これがいったん学習されてしまうと，病みつきになって，なかなかやめられないというメカニズムが存在するのである。「いじめをすると，何か自分にとってよいことがある」ということを知れば，その非をいくら指摘されたとしても，それをやめようとしないのは，とりわけ人格発達の途上にある青少年にとっては何ら不思議なことではないであろう。

　つまり，この理論に基づいて，加害者にとってのいじめの「意味」を推察すると，いじめの本質には，通常，加害者の「弱く情けない自分」という意識

第3節 いじめ加害者の形成プロセスといじめの意味

(場合によっては，それをきちんと意識できていないことも多いが）とともに，だからこそ「それを補うような何かがほしい」というきわめて利己主義的な動機があり，加害者にとっては，あえていじめをしてでも「そのような弱い自己を守りたい（防衛したい）」という，常識では理解しにくい「意味」が込められているのではないだろうか。

以上，加害者にとってのいじめの「意味」らしきことを記述してみた。いずれも，見苦しいことこの上ないが，ここまでしてでも「自分の存在感を維持したい」という気持ちは，青少年の心理を知る者にとっては，それほど意外なことではない。特に，生育史（家庭環境など）に問題を抱えていたり，学校や友人関係などで強いストレスを感じている場合などは，青少年は，（意識的，無意識的に）自分を守ろうとして，常識ではまったく考えられないようなこと——たとえば，あえて大人が忌み嫌うような反社会的な行動——をする可能性がある。

「いじめ」はけっして許される行為ではない。しかし，「いじめ」が複雑な要因が絡み合って形成されることを考えると，いじめ加害者を罰するだけでは，ほとんど何も解決しない。われわれは，いじめ加害者も，ある意味で「犠牲者」であるという認識をもつことも重要なことではないだろうか。

Column ⑨ 諸外国のいじめの現状③——アメリカ

「ボウリング・フォー・コロンバイン」という映画がある。1999年4月20日、コロラド州リトルトンのコロンバイン高校で発生した銃乱射事件を題材に、銃社会アメリカの病態に深く切り込んだドキュメンタリー映画である。このコロンバイン高校銃乱射事件の犯人は、同高校に通う2人の男子生徒であった。彼らは同級生から日常的にいじめを受けており、その報復を図ってこの事件を起こしたといわれている。

このように、アメリカでもいじめは深刻な問題である。ナンセルら（Nansel et al., 2001）は全米の中・高校生15,686人を対象に大規模な調査を行い、全体の29.9％の生徒が、加害者（13.0％）、被害者（10.6％）、あるいはその両方（6.3％）として、いじめに関与しているという結果を得ている。これは全米規模で考えると、いじめの加害者は370万人、被害者は324万人にも上ると推定される数字である。いじめの内容は日本と共通するものが多い。殴る・蹴るなどの身体的暴力、悪口・脅迫などの言語的暴力、悪い噂を広める・仲間はずれにするなどの心理的暴力といったものが、加害者から被害者に向かって一方的に行われている。このうち、身体的暴力は男子に、心理的暴力は女子に多くみられる。また、男子は女子に比べて、いじめへの関与（加害者としても被害者としても）が多いこと、いじめは高校よりも中学校で多く発生することなどもわかっている。

加害者や被害者となりやすい生徒の特徴についても、いくつか知られている（Garrett, 2003）。被害者となりやすいのは、身体的特徴や能力的な側面で劣位に立たされている者、静かでおとなしい者、衝動的で稚拙なふるまいを見せる者などである。これに対して、加害者となりやすいのは、活動的かつ衝動的な気質をもつ者、身体的に頑強な者（特に男子において）などであるが、以前に虐待やいじめを受けたことがある者が、コントロール感や有能感を得るためにいじめを行うともいわれている。

このような現状をふまえて、アメリカではいくつかのいじめ予防プログラムが実施され、一定の成果を上げている。そのひとつに、ミズーリ州の中学校で実施されている"Respect and Protect"がある。これは、①いじめ発生の原因や予兆についての教職員に対する研修、②生徒にその日の暴力的な言動を思い出させることで、暴力を抑制しようとする意識の向上を図る、③特に身体的な暴力をくり返す生徒に対しての怒り感情の管理や葛藤解決の方法についてのカウンセリング、などから構成されるプログラムで、1年目で16％、2年目で25％のいじめ減少に成功したものである。

このようなアメリカのいじめに対する取り組みから、われわれが学ぶべきものは多いのではないだろうか。今後、よりいっそうの研究・実践の蓄積が望まれるところである。

第3章
青少年のいじめへの対応

第1節

いじめに対応する際の原則

1 いじめをめぐって

　いじめは，漢字で「苛め」とも「虐め」とも書く。学校だけでなく地域社会，職場，家庭，諸施設など，大人社会でもあらゆる対人関係でいじめが発生するといわれる。鈴木（1995），詫間（1995）を参考として筆者なりに定義すると，「いじめとは，ある特定の個人（複数もあり）に対して，複数（個人もあり）の者が精神的または身体的な苦痛を与えつづける行為であり，被害者の無抵抗にもかかわらず，無視や拒否を含む継続的な攻撃行動をくり返すこと」と考えられる。児童虐待なども広い意味ではいじめに入るだろう。しかしここでは，小・中・高等学校などの内外で生じる，同世代どうしのいじめへの対応を考える。

　全国の小・中・高等学校および特殊教育諸学校におけるいじめの報告は，1995年度をピークに減少しはじめ，2002年度は全体で22,207件と，前年度より11.3％減少している（文部科学省，2003）。もっとも，このデータは弱者に対して一方的に心身の攻撃を加え，相手が苦痛を感じ，さらに表面化したものをいじめとしてカウントしており，当然のことながら未報告の事例は含まれない。弱者ではなく，帰国生徒のような異質の存在，リーダーなどの優越者，個性的な生徒などに対する仲間はずれなど陰湿ないじめも含まれない可能性がある。

　ある者は，弱者や異質者に対して，憎悪，軽蔑，嫌悪，嫉妬などネガティブな感情を抱いていじめる。一方，いじめがあこがれや愛情の裏返しということもあり，そこにはかなり屈折した気持ちが渦巻く。また，被害者のほうで対等

に反撃することがあれば,加害者が引き下がったりケンカになったりするが,いじめの場合はそうではない。相手が多数で圧力をかけてくるのが一般的であるので,被害者は言葉の応酬,物理的反撃などをせずに苦痛を耐え忍ぶこととなり,理不尽さ,無力感,悔しさなどから死を選ぶものさえある。

いじめへの対応には,そうした加害者,被害者さらには傍観者,観衆らの感情的わだかまりを十分理解する必要がある。というのは,教師や保護者の介入により見かけ上いじめ行為が収まっていても,感情的なわだかまりが解消するどころか,より陰湿な形でいじめが続き,被害者の苦しみが増すことがあるからである。「自分より権力のある大人の力に屈服させられ,服従させられた」との思いを生徒らが抱くとき,反発心と復讐心が芽生えるだろう。

数字に表れたいじめの減少傾向がすなわち,学校や地域社会が真に居心地のよい空間となっていることを意味するとはいえない。目に見えないいじめも含めて予防すると同時に,いじめが発見された際に,被害者だけでなく加害者側の心の問題にも光を当て,発達的変化を遂げさせるような対応が求められている。

2 いじめの予防的観点から

いじめは長期にわたり家族や教師にまったく気づかれないままエスカレートし,被害者が心身ともに著しく傷ついた後に,あるいは何か事件性をもつにいたってはじめて,家庭や学校側の対応が始まることが多い。できればいじめの芽が出る前に予防したい。社会全体の人権意識の高まりとともに,今日の学校では道徳や総合的学習などの授業でも人権学習をする機会がある。子どもたちには幼いころから,教室内外でのいじめもまた人権侵害であるとの認識をもたせる必要がある。これまでのいじめの被害や加害の体験を文章表現したり,口頭発表し討論したりするなど,学級集団を活用して教室内外で日ごろから人権意識を高めておくことが予防につながるのではなかろうか。

楠(2002)は,いじめに対する教育的取り組みとして,いくつかの項目をあげている。そのなかで,まだ日本の学校では少ないが,カナダなど人権意識の高い国では,生徒および教職員ら学校構成員の学校内外での人権について,構成員らの合議で決定し,文章化して教育委員会が配布しているという。生徒

の義務が強調されてきた日本の小・中・高校においても，生徒手帳には義務としての校則とともに，生徒の権利も明確に記述されていたらすばらしい。

たとえば「生徒の安全の権利」がある。放課後ナイフで先輩におどされる，椅子に画びょうをおかれる，プールでの水泳授業中に下着を隠されるといった類のいじめは，生徒が心身ともに安全に学ぶ権利の侵害であろう。とりわけ知的発達もめざましく，親や教師に対する反発が顕著な思春期・青年期の生徒には，こうして知性に訴えること，教師らとの合議で確認しあうことが，いじめ予防に役立つと考える。

そのほかにも，クラスや生徒会の自治的活動をもりあげて，いじめ問題の討論やディベートの機会をもつのもよい。中学・高校ではクラブ活動の一環などで学校新聞が発行されていたり，また文化祭などでは劇を企画したりと，自己表現の場がある。こうした機会を活用して，人権侵害としてのいじめに対する感受性を養っていくことが，いじめの発見やいじめ防止に役立つと考える。

一方，現代日本ではゲーム機などの普及による遊びの変貌，少子化，塾通いなどの要因があいまって，ギャングエイジにおける同年齢集団での切磋琢磨が不十分で，子どもたちの対人関係は未熟なままである。心的外傷となるようないじめを受けても，適切に言い返せず自己主張できないため，その状況から脱することができないこともある。またいじめの加害者や傍観者となる者にも，ひとりならできない卑劣な行為を集団の力に頼る，安易に同調する，非人間的なことも個人では指摘できないなどが認められる。いじめ予防には青年期前半に，学校や地域，家庭内において，適切な自己主張訓練など社会的スキルの学習機会を意図的に増やす必要があろう。

また仮にいじめが起きていても，初期の段階でだれかに開示できれば被害が少ない。中学・高校生年代では家族との対話が減ることもまれではないが，家庭内でも日頃から自己開示しやすい雰囲気づくりが大切であろう。また保護者，教師はじめ友人を含む周囲の人間は，生徒がいじめの被害者あるいは加害者になっていないか，その兆候に敏感でありたい。特に大人は青年期に入っても子どもの姿を見守り，持ち物や表情にも気を配りながら，さりげなくいじめの兆候をつかみ，対話のきっかけをつくるべきであろう（コラム⑩参照）。

3　いじめが発見されたら

　まず，いじめ被害者の心の叫びを受容し，心身の傷つきに対し，治療的アプローチが不可欠であろう。家族が子どもを無条件に受けとめることが第一だが，臨床心理士，医師などの専門家の力も必要である。いじめられたことを契機に不登校となっている場合もあるので，転校や保健室登校など弾力的に取り入れるべきである。筆者の印象では，学校現場はいまだに「元の教室に戻る」ことにこだわる傾向が残るが，被害者の意思にそった適応支援が優先する。

　1995年度より開始されたスクールカウンセラー（以下SCと略）配置をはじめ，スクールアドバイザー，適応指導教室指導員などの専門家，メンタルフレンド，心の教室相談員のような非専門家が近年，学校と地域に入るようになった。これまで切り捨てにされがちであった，いじめの被害者など少数者の存在を認め，言い分を引き出し全人格的に受容し解決に向かう。生徒指導担当教諭やクラス担当教諭の求めに応じて，SCが助言するなどの機会も増えた。定期的なSC来校により，いじめ加害者予備軍になりそうな生徒らの言い分を聞くこともできる。これまであまり開発されてこなかった学校の相談機能が引き出されつつあるといえよう。

　ある初夏の放課後，不登校の女子中学3年生が相談室のSCを訪れた。母親同伴で「クラスの女子グループから，"変わり者"ということで，ずっといじめられてきたのでこの学校がいや，転校したい」と訴えた。その1週間後，事を聞きつけた担任と副担任の教諭はSCに面接予約を入れ，「この女子生徒にどのようにかかわるべきかを聞きたい」とのことで来室した。

　教師は特定の女子グループによる仲間はずれや無視といったいじめが確かにあると認めたうえで，それを学級会で取り上げ討論させるなど対応しているという。また，これまで加害者の生徒をクラスの係などに任命して積極的に学級運営にかかわらせ，いじめのないクラスをめざす方向で融和を図らせたという。クラスの対人関係が全体的に改善され，そこに不登校から立ち直った生徒も戻ってほしい，クラス全員で卒業式を迎えさせたいという願望が強く働いていた。本人の言い分を安易に認めて転校させることは，生徒自身の逃げでもあり，教師側としては教育の敗北を意味するというものであった。実際，転校するには

校長らを説得する正当な理由が必要であった。これに対して被害者の女子生徒は、学級会などで自分のことが討議されていること自体、とても苦痛で嫌だという。加害者がきちんと謝罪すべきところを、「いじめの張本人が係に任命されてますますいい気になっていて、かえって気分が悪い」と反発する。

　教師は、いじめの土壌となったクラス全体の陰湿さを改善することを優先させた。教育実践としてまちがっているとはいえないが、いじめ加害者への対応に毅然としたものがない。全体討議で「さらし者になっただけ」と感じ、二次的にも傷ついた被害者の気持ちは棚上げとなっていた。おそらくいじめを理由に転校されることは、学級経営の失敗でもあり、担任は阻止したかったのだろう。「嫌な思い出をこの学校に抱いたまま卒業していってほしくない」という言葉の裏には、教師としての技量を問われることへの不安、あるいは学校の対面を重んじる傾向がうかがわれる。このようにだれも傷つけず全体を丸く収めたいという願いが働いて、被害者個人より多数派のほうに焦点がおかれると、教師がはからずもいじめの構造に加担してしまうことになる。

　このケースでは、いじめ被害者に転校したい希望の中学があった。学区外の山間部にある極小規模のA中学で、都会からの山村留学も受け入れていることで知られている。ただ、通学のための公共交通の便が悪く、自宅から車で1時間以上かかるので、下宿するか送迎してもらう必要があった。母娘の面接は続いていたが、SCの勧めもあり、親子でこの中学を見学することとなった。

　その後の面接では、本人から転校したい気持ちがさらに高まったと報告されている。当時彼女は、定期テストだけは相談室で放課後に受けることができていたが、相変わらず教室への不登校が続いていた。

　こうした経過をふまえ、SCが担任ら学校側に、生徒個人の学ぶ意欲を優先するのも選択肢のひとつと提案、やがて学校長の許可も下りた。卒業まであと半年という10月、彼女はA中学に転校した。母親の運転で送迎という援助を得て、不登校を解消、卒業することができた。このような対応はともすれば「特別扱い」「甘やかし」とされる。いじめの本質的解決になっていないとの指摘もあろう。しかし、A中学という個性に合った環境を自ら選択しそれを尊重されたことが、彼女の人格発達を促し、かけがえのない中学3年生の生活を取り戻すに至った。このように、集団より個人に焦点を当てた援助も必要だろう。

Column ⑩

いじめ被害者のサイン

　いじめ被害者のサインについて松原（1996）は「学校内の行動」「家庭での行動」の2点からそれぞれ20項目ずつまとめている。以下，いくつかピックアップした。

　学校内の行動：顔色が悪く，元気がない。ひとりでぼんやりしている。オドオドしている。どんな遊びでも誘われるとすぐ従う。友達の使い走りをしているなど。

　家庭での行動：下校後ぐったり座り込む。持ち物や学用品類がなくなったり壊されたりする。お金をこっそり持ち出す。手足に小さなすり傷・あざをつくっている。ノートやカバンに落書きが書いてあるなど。

　しかし，これらのサインについて再考すると，教師や保護者が子どもと適切な関係にあればおのずと「何かようすが変だ」と気づくものばかりで特別なものはない。真にサインといえるのは，これらの行動ではなく，その子どもとの関係性のなかで教師や保護者が感じる漠然とした違和感や雰囲気ではなかろうか。そしてここで問題にすべきは，こうした違和感や雰囲気といったサインすら感じることができない関係性の欠如や，その関係性を不問にし，具体的サインのみ問題にしようとする姿勢であろう。

　ここでいう関係性とは子どもへの関心・かかわりをもつことである。といっても熱心にかかわっている，指導に時間を割いているといったことではなく，子どもの視点に立ったかかわりや配慮をもち，子どもがかかわりやすさを感じるような関係をさす。そのような関係では，子どもはメッセージをさまざまな形で発するであろうし，上記のような具体的サインに先んじてこちらも子どもの変化を敏感に感じ取ることができよう。

　このような関係性を築くことは容易ではない。そこで，その作業を括弧にいれ（すなわちこちらのあり方を不問にし），サインをマニュアル化するといった発想に流れやすい。こういった思考スタイルは現代社会において一般的であるが，心の問題を考えるうえではなじまない見方であろうし，このような見方に偏ってしまうこと自体が，今日の心の問題の増加と無関係ではないともいえよう。ここは易きに付かず踏んばりたいところである。

　いじめのサインをつかむためには，サインを発することのできるような関係づくりをまず問題にすべきであろう。そのうえで，人の気持ちを知るお手軽なサインや方法などはなく，そのつどそのつど子どもと真摯に向き合うことのなかからていねいに感じ取っていくことが大事なのではないだろうか。自戒の意味を含めて，今一度，自分は子どもとそのような姿勢でかかわっているだろうかと内省してみたい。

Column ⑪

いじめ発見のための質問紙

　いじめの陰湿化，凶悪化が著しい今日では，周囲の大人たちが少しでも早い段階でいじめを発見し，実態を把握し，適切な処置をすることが求められている。いじめ発見のためにしばしば用いられているのが質問紙調査，いわゆるアンケート調査である。質問紙調査は一度に大量の回答が得られるという点，すぐに結果が得られるという点などにおいてすぐれている。しかしながら，質問紙調査，特にいじめ発見のための質問紙調査にはいくつかの問題点もある。

　たとえば，「あなたはだれかにいじめられていますか」という，しばしば見受けられる質問項目であっても，児童生徒は回答に窮してしまう場合がある。自分がされている行為がいじめとよんでもいいレベルのものなのか否か，判断に迷ってしまうからである。「いじめ」という言葉はあいまいなのである。いじめに関する質問紙調査を実施する際には，どのような行為をいじめとよぶのかを定義し，それを伝えたうえで調査を実施することが必要である。

　また，質問紙調査では回答者が事実と異なった回答を容易にできてしまうので，児童生徒はさまざまな理由で事実と異なった回答をすることが考えられる。いじめ発見のための質問紙調査では，正直な回答を得られるか否かが，きわめて重要なポイントである。たとえば，いじめ発見のための調査であることがわからないような，「学校は楽しいですか」「学校の友達からは大事にされていますか」といった内容の質問項目への回答を求め，気がかりな回答をした児童生徒を抽出して面接を行うといった方法をとったり，いじめられている場合やいじめを知っている場合には勇気を出して周囲の大人に知らせるよう，あらかじめ指導を行っておくことによって，いじめの発見につながることが期待できる。また，場合によっては無記名形式としたり，周囲の目を気にせずに回答できるように持ち帰らせるなどの対策を講じることも必要である。

　なお，質問紙の作成にあたっては，簡潔で明瞭な表現を用いる，調査対象者の年齢に合わせたわかりやすい質問項目を用意する，回答に多くの時間を要するものは避けるなど，質問紙作成上の基本を守るのは当然のことである。

　いじめ発見のための質問紙調査を実施することによって，いじめを許さないという学校の姿勢を示したり，児童生徒にSOSを発する機会を与えることには意味があるが，実際のところ質問紙調査だけでいじめを発見することは容易ではない。このことを認識し，日ごろから小さなできごとや変化でも見逃さないくらいに児童生徒を観察すること，児童生徒，保護者，教師が一体となった取り組みが求められている。

第2節 さまざまな立場からのいじめへの対応

1 教師の立場から―ある私立学校の場合―

1 ――はじめに

「私学にはいじめがない」これは事実でもあり幻想でもある。

「いじめ」の定義を「自分より弱い者に対して，または集団で特定の個人に対して一方的に身体的・心理的な攻撃を継続的に加え，相手が深刻な苦痛を感じているもの」とするならば，「いじめがない」との判断も可能である。もちろんそれは「発見・発覚」していないだけである可能性を認めたうえで，である。しかし，「いじめ」の発生率・深刻さの度合いが，かなり低い状況にあることは言えよう。かなりの学費負担を前提にした入学希望者を定員以上集めねば存続できない私学において，「いじめ」根絶は死活問題である。この厳しい状況が「いじめ」の少ない学校づくりに直結している。もちろん，経済力の面でも教育に対する意識の面でも一定の水準を維持している家庭層，文字を使わないペーパーテストと行動観察による入試で合格した児童で構成されていることも「いじめ」が少ない環境要素のひとつとしてあげられよう。絶対的な要素ではないが，さまざまな意味で保護者層・児童層の幅が公立校より狭いことは対応・対策を考えるうえでマイナスではない。

好材料を確認する一方で，「幻想」であるとの見方は不可欠である。そもそも，「いじめがない」との確認は不可能である。せめて「状況把握できている範囲において前述の定義に該当する事例はほとんどない」との表現が必要であ

ろう。そのうえでさらに「ない」との断定には認識の甘さがあるとの指摘は受けることになろう。

　さらに，前述の定義による「いじめ」が少ない状況が，「いじめ」の原点ともいえる集団の中での人間（子ども）の本能的な動きが見える状況であると感じる面も多い。個々の子どもたちのもつ他に対する厳しさ・わずかな違いを見つけてからかう・優越感を得る・ストレス解消・遊びの延長・妬み等々，組織化，慢性化，深刻化しないまでも，トラブルになることは少なくない。隠蔽工作といえなくもない行為もある。本来の，そして現代の課題をもって生きる子どもたちの集団であることは私学であっても例外ではない。

　また，本学園は無宗教・男女ほぼ同数の共学・全学年40人3学級の120人・週5日制であり，私学のなかでは公立校に近い状況が多い。

　以上のような認識のうえで，「いじめ」の予防に関係があると思われる要素について，本学園の状況と教師の取り組みを私なりに検証・考察したい。

2──教師の目

　基本的に監督不在の「自習」時間が存在しない。図書室には常に司書がいる。どの教員にも1日1時間以上の「空き時間」が保証されており，始業前・休み時間・放課後についても，教室や校庭で子どもたちと接することが容易である。この体制が子どもたちの状況把握，問題点の早期発見を可能にする。また，その体制にあることが，子どもたちに「通常」と認識されることが，安定した学校生活を支えているともいえる。

　課題は教師の意識とこの体制の活用である。日常的に「常に教師の監視下」に近づけるか「子どもの世界」を尊重し見守る位置につくかは，状況しだい・教師しだいである。小さな問題にも過剰に反応する保護者が少なくないなかで，目先のトラブルを教師の手で未然に防ぎ「問題のないクラス」を維持するだけのクラス運営になってしまうケースも少なくない。本来求めるべき子どもたち自身の成長，「教師の管理下でない場合に問題を予防する力・解決する力」を育むためには，子ども世界のなかでの展開を経験させる必要がある。机上の正論を教え込むことだけで本質を動かすことはできない。それを実践するために，子ども集団・保護者との信頼関係が不可欠であることは言うまでもない。この

信頼関係をいかに作るか，これが教師の力量として問われる。信頼関係がしっかりできていない段階でクラスを維持するためには，まず「問題のないクラス」のために体制を最大限活用することになる。

　しかし，この段階のままでは，子どもの世界で生き抜く強さを育むチャンスを奪うことにつながり，私学のひ弱さの根源にもなりかねない。心がけるべきは，深刻な状況になる直前まで子ども社会に任せ，子どもたちのなかで失敗も含めた「解決・浄化」を見守る姿勢と，それを可能にする現状把握とタイミングを見極めたサポートである。

3──専科制・2分割・TT

　担任が単独で40人の授業を行うのは1年生で1日3時間ほど，6年生では1時間しかない日もある。その他の授業は専科教員の担当，または分割授業やティームティーチングである。担任が専科授業の参観者になる場合も少なくない。担任の授業ではみられなかった，"担任の私は気づかなかった"子どもたちの動きが報告される。学年毎に担当専科教師全員と養護教諭・司書教諭が集まって子どもたちのようすを報告し合う会議も実施する。児童は異なる状況で異なる教師の授業を受け，さまざまな接し方・見方をされる。

　全児童と最善な関係が築けていることを前提とすれば，専科制の度合いを高める必要がないといえるかもしれないが，かなわぬ前提と認識すべきであろう。教師がすべての児童と信頼関係を築くべく最大限の努力をするのは当然の義務であり，責任感とともに自信ももちたい。しかし，必ず信頼関係が築けるとの過信は児童を追い込むばかりである。見えない部分・理解できていない部分があること，見方に誤りがあるかもしれないことを前提に，多くの教師の見方を尊重する姿勢が相互に不可欠である。特に，養護教諭・司書教諭など，直接成績をつける立場にない職員から教室とは異なる一面を知らされるケースが少なくない。

　児童にとっても，一日中心配のないりっぱな自分であることを自分に強いるのではなく，息抜きをする場面もあってバランスが取れる部分もあるはずである。これを二面性としてマイナス視することにも問題があるといえよう。児童もさまざまな顔をもち，どの顔も人格の一面である。「そんなはずはない」の

ない受け止め方を心がけたい。

4 ── 教師の持ち時間

　学年によって多少異なるが，担任の持ち時間は18時間前後とされている。私学は学校によって千差万別であるが，公立校より恵まれた状況であることはいえよう。もちろん，私学ならではの雑務も少なくないが，児童の下校前に授業以外に使える時間があることは「時間的に恵まれている」といえよう。この時間は全児童との毎日の交換日記・連絡帳・宿題等の対応にあてることができる。児童の日記や家庭からの連絡へのタイムリーな対応が可能である。専科の授業を参観することも日常的に行われている。

　これについても教師の認識とこの恵まれた状況の活用が課題である。自らの「ゆとり」のための時間も間接的には必要であるが，基本的に児童のために活用すべきである。さらに，児童が学校にいる時間にすべきことであるかどうかを考えての活用であるか常に確認すべきである。「ゆとり」と「手抜き」，自らに対する厳しい目が不可欠である。

5 ── 地域と切り離された状況

　私学の特殊な状況として，学園と地域社会とのつながりの弱さがあげられる。また，児童も居住する地域社会とのつながりがもてないケースが少なくない。これは，帰宅後に家族以外の人間関係を経験する機会が少ないというマイナス面でもあり，帰宅すれば学校生活の人間関係から解放されるというプラス面となるケースもある。

　このような状況のなかで，いじめが生じる場面としては，平均片道40分ほど，1時間以上の子も少なくない「登下校」の時間帯があげられる。40人3クラス120人が，ある程度友達を選ぶ幅のある規模でもあるのだが，登下校については幅もクラス替えもなく，教員の目も届かない。保護者の付き添い登校，教員が同乗しての下校指導を行うケースもあるが，日常的に行うことは困難であり，一時的に登校電車の車両を指定したり時間をずらすアドバイスをすることもある。

6──宿泊行事のなかで

　学園の児童は4年生以降卒業までに4泊以上の宿泊行事を5回経験する。4泊以上の集団生活は学校生活にはない楽しさと厳しさがある。「いじめ」が起これば逃げ場のない5日間を過ごすことになる。お互いを尊重し合うことができなければ，つらい5日間である。活動班・部屋でトラブルが起こることはめずらしくない。

7──おわりに

　事実上職員の移動がないのも私学の大きな特徴である。卒業生が来校しても懐かしい顔が揃う。中学・高校で問題が起こると小学校と連絡をとって一緒に悩むことが可能である。しかし，当たり前になっている制度・状況のなかで，課題が明確になってきたように思う。長所を長所と認識し直して生かすこと，そして長所に甘えずに厳しい認識をもつことである。言うまでもなく，制度・状況を生かすも殺すも実践する教師しだいである。「幻想」から「事実」へより度合いを高めるために。

2　養護教諭の立場から

1──はじめに

　2003年8月9日の新聞から学校保健調査速報をみると，2002年度に学校を30日以上休んだ不登校の小中学生が，1991年度の調査開始以来，初めて5.4ポイントの減少となった。次に2003年8月23日の新聞に掲載された文部科学省の「生徒指導上の諸問題の現状」調査速報では，2002年度校内暴力の発生件数は小学校1,253件，中学校23,199件，高校5,002件の計29,454件。対前年度比では，小学校14.5ポイント，中学校10.0ポイント，高校15.2ポイントの減少幅だった。いじめは22,207件で，11.3％の減少傾向が続いた。高校中退者は89,461人，中退率2.3％だったとある（読売新聞，2003.8.9，2003.8.23）。

　これらの数字を見ていると，わずかながらも学校は落ち着きを取り戻す方向へ動いているように思える。少し明るいニュースでほっとさせられた反面，ここで安心してはいけないとも感じている。それは，もともとの数字が大きいた

めである。つまり校内暴力29,454件，いじめ22,207件，高校中退者89,461人，そして不登校も13万人以上いる現実は，まだ苦しんでいる子どもたちが大勢いることでもある。さらに，文部科学省の統計に表れない数字もたくさんあるかもしれない。子どもによる事件，特に自殺などでは，いじめはなかったとする学校といじめはあったとする親との見解の相違が，しばしば問題となる。本当はどうだったのだろうかと思うが，貴重な子どもの命は失われたままである。もう少し早く，子どもの出しているSOSに気がついていれば，悲劇は避けられたかもしれない。もっと周囲の大人は反省しなければならないだろう。

　教師や親から見えにくくなったいじめでも，子どもたちは気がついていることが多い。だが，声をあげることができず傍観したままになってしまう。いつ自分がいじめの対象者になってしまうかわからない恐怖，それは大人にはわからないことかもしれない。周囲の大人が見えなかった，あるいは気づかなかったいじめだからこそ，いじめられた者，いじめをしていた者たち，そして傍観していた者たち，いじめに気づかなかった周囲の大人，すべての人が傷つき，人生観を変えてしまうほど大きな事件となってしまうこともある。できるなら，こういった悲しいできごとはなくしたい。

2 ── 保健室から見えるもの

　休み時間になると保健室は，腹痛・頭痛・気持ち悪い・だるいなどの内科的症状や，擦り傷，切り傷，捻挫，打撲，虫さされなど外科的症状を訴え多くの生徒が来室する。処置をしてすぐ返す子，訴えを詳しく聞き対処のしかたを考えさせる子，休ませる子，家に返す子など症状別に判断し指示したり処置したりしている。本当に騒がしく，忙しい時間である。この休み時間に必ず保健室へ来る子どもがいる。教室に居場所がないのか，話す友達がいないのか，いじめられているからなのかなどいろいろ考えてしまう。しかし，何らかの意味があるから来るのだろう。保健室での時間があるからこそ，学校へ来られるのであれば，それはそれでよいと考えている。保健室のルールを守る限りは，時おり声をかけながらもさりげなく観察するにとどめておく。必要になれば，子どもは助けを求めて保健室へ来る。それまで，この先生は信頼できるか観察させておく時期なのだろう。

その他，友達の付きそいで来室する子どもがじつに多い。これらの子も保健室の雰囲気や養護教諭のようすを確かめに来ている。保健室とはどんなところ，養護教諭はどんな人，どんなことをしてくれるのかなど興味津々なのだ。そして確認し評価が定まると，近づいてくるのである。

保健室という部屋も大事であるが，それだけではない。そこに養護教諭がいるから来るのである。さらに，身長や体重を測ることを理由として，心の奥にある悩みをすぐに言わなくてもよい敷居の低さから来るのである。そして，何となく仲間のような子どもが集まるから来るのかもしれない。保健室は不思議な場所であると思う。そういった保健室をどのように運営していくかいつも悩まされる。基本的には，勤務している学校の実態にそって，一定のルールに従いつつ子どもたちを受け入れることにしている。そしてできるなら，子どもたちが自由に使用できる場所であり，子どもたちの自主性を尊重し保証できる場所にしたいと望んでいる。では，前任校で出会った子どもたちのなかで印象に残っているいくつかの例を紹介する。

(a) いじめからの不登校

高校2年生の2学期から，欠席がめだつ女子生徒がいた。当初担任も欠席理由がわからず，仲がよかったグループの女子生徒たちに「学校へ来るよう連絡をとってくれ」と頼んでいた。しかし，事態は悪化するばかりであった。後でわかったことだが，グループ内のいじめが不登校の原因であった。ただ，いじめといってもそんなにひどいものではなかったが，女子生徒にとっては，中学生時代にグループ内のいじめにあい不登校になったトラウマ体験があった。このため，強く反応してしまったのだと考えられた。担任や学年主任とも相談し，本人が登校できる時間に登校させ，保健室や図書館で課題のプリントや読書をして過ごさせることにした。

はじめは，下を向き髪で顔を隠すようにして，同級生に会わないよう登校していたが，3学期になるころには明るく話すようになった。だが，高等学校は教科ごとに履修と習得を満たして単位認定をするシステムになっているため，授業への出席時間が基準に満たなくなり，教科の履修に問題が出てしまった。担任と何度も話し合いつつ，組織としてどう対処するか会議がもたれた。それと同時に，本人や親にも履修の問題があることを話し，進路変更のための学校

見学もしておいてほしいことを担任および養護教諭から話した。女子生徒にも人間関係を変えたいと思う気持ちが強くあり，いくつかの学校見学をしてくれた。

最終的には，持久走大会に参加できなかったため，1科目の単位認定ができずに原級留置となった。この結果をみて，親も進路変更を決意し，見学したなかのある学校を受験し編入学を果たした。転校後は，明るさを取り戻し楽しい高校生活を送っている。

近年，少子化により志願者が減少し，公立高校の入試倍率が1.0を切る事態になってからは，小・中学校時代にいじめからの不登校でトラウマ体験をもった子どもが多数入学してくるようになった。これらの子どもは強いこだわりをもっている。そして，コミュニケーション能力，ソーシャル・スキル能力に問題が多い。そういったある男子生徒だが，強い正義感があるためか非行少年たちとまともにぶつかりあってしまったケースがある。にらみ合いから暴力行為へ進展しそうになったときに，駆けつけた生徒指導部教員が間に入りことをおさめた。自己主張することの大切さとともに，言い方や表現のしかたによっては誤解を生み，相手を怒らせてしまうことを学ぶ体験となった。この後も，同様の問題はあったが卒業することができた。

だが，環境が変わり登校できている生徒でも，同級生との人間関係に問題が生じて，再度のひきこもりになってしまうケースも多々ある。いじめを含めて，心に傷をもった生徒の立ち直りには，時間と周囲からの支援体制の充実が必要であると感じている。

(b) **軽い障害のある生徒へのいじめ**

軽度の障害のある生徒は，健常児と区別することなく普通学級へといった動きがある。保護者や子どもの気持ちは尊重していきたいので，学校としての受け入れ体制に十分に配慮していかなければならないと思う。しかし，難しいことも多々起こる。

ある男子生徒は，学力的に問題はなかったが，軽い自閉傾向があるためクラスメイトとのスムーズな会話が成立せず，浮き上がった存在であった。クラスにいられないのか，1年生の時は，休憩時間ごとに職員室へ来ていた。それでもからかいの対象になりいじめがくり返された。2年生になってからは，スト

レスからの精神不安定で，奇声や大声を出して床に寝転がってしまう，物にあたるなどの問題行動が出るようになった。このため，いじめている生徒や同級生には何度も指導を行い，いじめは沈静化したようにはみえたが，なくなることはなかった。奇声を発する，床に寝転がる行為は，一般の生徒にとって，「あの子は自分たちとは違う」と認識させてしまうようであった。

学校内では，いじめをなくす指導の強化を図りつつも，男子生徒の精神を安定させるため，養護教諭と保護者で話し合い医療機関を受診した。その後，医療機関からの助言に従いつつ，学校内では男子生徒の精神安定に心を砕いた。担任と生徒指導部，教科担任の教員で共通理解をもつようにし，家庭との連絡も密にした。また興奮してしまうような嫌なことがあったらいつでも保健室へ来るように伝え，受け入れ体制を整えた。そして，日常的に男子生徒と会話するようにして信頼関係を築き，興奮したときには，彼の気持ちが落ち着くまで，訴えを共感をもって聴いた。すぐに問題行動は収まらなかったものの，このような対応によって徐々に落ち着きを取り戻していった。3年生の時は，休憩時間のほとんどを保健室で過ごした。結局，就職はできなかったが，無事に卒業を迎えることはできた。

(c) 強さと弱さを併せ持つ生徒たち

高等学校に勤務していると，体は大きいけれど気持ちはまだまだ子どもといった生徒の素顔に接し，びっくりさせられることがある。身長185cm，体重100kg，スキンヘッドで，学校中から怖がられていた男子生徒がいた。怖そうな姿のわりには，気が弱く人の言動に傷つきやすい面をもっていた。そんな性格は，教室で更衣ができない，学校で排便ができないといった症状に表れていた。したがって，体育着への更衣はこっそりとトイレで行っていた。

ある日，第6限の体育が延びたため，トイレでの更衣が遅れた。トイレ掃除の生徒はしびれを切らし，「掃除だから早く出ていってくれ」と何度も言ったため，男子生徒はキレて暴力行為が発生してしまった。トイレ掃除の生徒や見ていた生徒は，すぐに職員室へ助けを求めに行った。暴力をふるった男子生徒やその仲間の生徒は保健室へ来て，「どうしよう……，退学になるのかな？トイレ掃除のあいつらは，先生への受けがいいから，どうせ俺が悪いとなるんだ」と頭を抱えていた。しばらくすると，生徒指導の先生が事情を聞きに来て，

男子生徒を連れていった。その後，けがをした生徒が手当てに来室した。

暴力行為ということで謹慎処分となったが，会議で担任や養護教諭から生徒の性格や排便などの問題点を伝えることで，かなり軽減された処分となった。けがをした生徒とも和解が成立し，謹慎終了後，学校では，男子生徒への理解を示す教師が増えた。

3 ── おわりに

このように保健室は，暴力をふるった生徒と暴力でけがをした生徒の両方にかかわる。同様にいじめでも，いじめられた生徒といじめた生徒の両方にかかわる。このためだろうか，どちらに非があるのか言えないなと感じることがよくある。

いじめられた生徒の身体の傷を見ると痛いだろうなと思う。だが，いじめられた心の傷はいつ治るのだろうか。心の傷を思うと悲しくなる。けれども，いじめた生徒の心も複雑である。問題行動があったと生徒指導の教師から指摘され，必要以上に突っ張る。その反動で，保健室に来て小さくなっている姿を見ると，人をいじめなければいられないような精神状態や背景があるのかもしれない，みんな弱い人間なんだなと感じる。保健室は，子どもたちの身体の成長とともに，子ども一人ひとりの弱さや悲しさそして強さやたくましさを実感させられる場所であると思う。

3　教育相談員・心理カウンセラーの立場から

私は公立の教育相談室に「教育相談員」として勤務している。しかし「教育相談員」とははたしてどのようなことをしているのか，あまり知られていないように思う。

その勤務実態は自治体によってさまざまだが，私の勤務する教育相談室は，学校とは独立した建物にある。保護者からの相談申し込みを電話で受けつけ，相談室に来ていただくことになる。

相談の流れとしては，初回面接を行ったのち，室内会議で親子別々の担当者を決定する。その後，親には面接を，子どもには年齢によってプレイセラピー

もしくは面接を，週1回50分（場合によっては2週に1回）の枠で継続する。

親からの相談内容の例をあげると，「言葉が遅いような気がする」「学校に行きたがらない」「落ち着きがない」「子どもにどう接していいかわからない」など発達に関する問題，学校に関する問題，親子関係の問題がある。

本書のテーマである「いじめ」に関する相談に限っていえば，「いじめられる」という被害者側からの相談のほうが多いように思う。ただ，なかには「友達に乱暴してしまう」というような，加害者側からの相談もないわけではない。

「乱暴してしまう」子どもたちの背景はさまざまである。どの程度の発達段階の子どもが，どのような場面でどうふるまうことをさして「乱暴してしまう」といっているのか，それはいつごろからなのか，相談室では保護者との面接を重ねていき，詳しく具体的に聞いていくことになる。

「乱暴してしまう」という主訴で相談室を訪れる親子は，たいてい傷ついていることが多い。周囲の人間から「乱暴な子」と言われ続けて，叱られる経験を積み重ねてきた子どもは，「自分はどうせダメなんだ」「叱られてばかりの悪い子だ」と，自尊感情が低下しており，そのせいで二次的な不適応を起こしていることもある。

また保護者のほうも，家庭でのしつけを問われ，乱暴な子に育ててしまったダメな親だと子育てに自信をなくしていたりする。

貴重な時間を割いて相談室に足を運んでくるのは，なんとか問題を解決したいと思っている方だけなので，程度の差はあれ，子どもに無関心な親がくることはない。

じつはこの点はたいへん重要である。叱られてばかりいた子どもにとって，自分のことを心配して，自分のために親が毎週足を運んで相談にいくという事実が，自分は愛されている子どもなのだ，という認識につながるからだ。

したがって，子どもの年齢にかかわらず，親は子どもになぜ相談にいくのかをきちんと伝えるべきである。

時々，「あなたは悪い子だから，罰として相談にいく」という伝え方をする親がいるが，これはあまりよくない。子どもの幸せを願って，友達と仲よく，楽しく元気に毎日を過ごせるようになるために相談をするのだから。

さて，実際に相談が始まって，毎週お話をうかがうようになると，「乱暴を

してしまう」ことの背景にあるさまざまなことがわかってくる。

　たとえば小さいころから，「落ち着きがなく，じっとしていない子どもだった」「目を離すとどこにいってしまうかわからないので，外出するときは常に手をつないでいなければならなかった」，などという多動の子どもがいる。

　そういった子どもが学校に上がると「困った子」「問題のある子」としてとらえられやすい。学校の義務として，子どもの安全に配慮する必要があるので，授業中にじっとしていられず，教室を抜け出してしまったりする多動の子どもを受け持った担任は，放っておくわけにはいかない。結果，注意したり追いかけたりせざるを得ない。それが授業の妨げになるのである。

　反対にぼうっとしていて，授業を聞いていなかったとしても，席に座って静かにしている子どもは，それほど問題にされることはなかったりする。

　つまり，多動の子どもは叱られる経験をしやすく，二次的に情緒的な問題を表していることが多い。

　また，日常的に家庭内で暴力を目撃したり，暴力を受けて育ってきたという子どももいる。父親から母親への暴力を目撃していたり，「体罰」という名の虐待を受けてきていたりすると，コミュニケーションの手段として暴力をふるうことがあたりまえだと思ってしまう場合がある。

　親面接で，子どもの問題行動について相談をしていたはずが，ドメスティックバイオレンス（DV）被害の相談になり，適切な他機関へ紹介したり，他機関との連携が必要になったりするケースもままある。最初の主訴は「子どもが友達に乱暴をしてしまう」という教育相談的な問題だったとしても，DVの件で女性センターにつなぎ，虐待の件で児童相談センターにつないだりすることも実際にある。

　そのほかに，子どもの能力に偏りがあるために，問題行動を起こしてしまう事例がある。「何度言ってもなかなか片付けができず，宿題も忘れるし，しつけに非常に苦労している」と相談されることがある。「何度注意してもすぐに忘れる，本当にちゃんと聞いているのだろうか」と親子ともにストレスを感じていたりする。

　念のため知能検査をしてみると，能力に偏りがあるため，耳からの情報よりも目で見た情報を処理することが得意，という結果が出ることがある。そうい

う子どもの場合，口で何度も言われるより，目で見てわかるように工夫してもらうと非常によくなることがある。耳からの情報処理が苦手なため，友達とのやりとりにもなかなかついていけず，イライラして手が出てしまっていたのだ，ということがわかることもあるのだ。

また別のケースでは，一時的に家族が危機に直面していて，情緒的な反応として「友達に乱暴してしまう」という問題行動が出現している場合もある。それは，両親の離婚問題であったり，父親や母親の病気であったり，あるいは母親の妊娠・出産であったりする。

両親の離婚や病気が原因の場合，それが子どもにとってもストレスになっている，ということが周囲の人にわかりやすい。それは大人も同じだからである。

しかし，母親の妊娠・出産は，特にそれが家族にとって待ち望んだ妊娠であればあるだけ，子どもにとってはストレスになっていることに気づかれないことが多い。特に子どもが第一子の場合，それまで自分が独占していた両親の関心や愛情を，どうしても手のかかる新生児に奪われることになる。そのうえ「もうお兄ちゃんなんだから，ちゃんとして！」という，なんとも子どもにとっては理不尽な言われ方をするようになるのだから。

そうした家庭でストレスを抱えた子どもたちが，学校で友達に手をあげることでストレスを発散していることもある。

ここまでいくつか例をあげたが，子どもの問題行動の背景には，さまざまな原因があり，一概にこれだけだということはできない。

いずれにしても相談室は，それぞれの事情を抱えて相談に訪れる人たち一人ひとりに，ていねいに寄り添い，話を聞いて整理していく場である。

話をするなかで，来談者それぞれが自分自身の抱えるさまざまな問題に思い当たり，問題の解決に向けて取り組んでいく。相談員はそのお手伝いをするに過ぎない。

相談内容が子どもの発達の問題であったとしても，情緒的な問題であったとしても，相談室が学校とは独立した機関で，プライバシーが守られる環境だからこそ相談するのだ，という親が多い。特に学校で問題児扱いされている場合には，「親のしつけはどうなっているんだ」と親子ともに学校から叱られてきていることがあるため，学校に対する不信感を募らせている親もいる。「学校

とは別の機関だから相談にきた」とはっきり口に出して言われることもある。

学校という組織のなかでは，子ども一人ひとりの成長よりも，学級集団，学校集団のなかでの子どもを見ていかざるを得ないため，学校とは別の立場で一人ひとりの子どもとていねいにかかわっていくことのできる教育相談室の存在意義があるのではないかと思う。

教育相談室には子どものプレイセラピーを行うためのさまざまな設備がある。砂場や水場のあるプレイルームでは，砂や水を使って遊ぶことで，心理状態を見せてくれる子どももいる。箱庭や家族人形を使って遊びながら，家族間の葛藤状態を無意識に表現する子どももいる。ひたすらスポーツをし続ける子どもや，自分の好きな漫画の話をし続ける子どももいる。

50分の時間をどう使うかはそれぞれの子どもに任されており，危険な行動をしない限り，教育相談員が善悪の判断をすることはない。ただ子どもに寄り添い，ともに遊ぶことを通して，問題の解決をめざすのである。

私の勤務している教育相談室では，心理を専門に学んできた教育相談員が，親面接と子どもへのプレイセラピーとを並行して行っており，親担当者と子ども担当者で話し合いを重ねながら，問題の解決に向けて援助をしているのである。プライバシーの守られる空間で，心理療法のできる設備が整っていて，専門性を備えた教育相談員のいる教育相談室こそ，一人ひとりの子どもにていねいにかかわることを通して，子どもの成長を手助けすることができるだろう。スクールカウンセラーが学校に配置され，情緒的な問題を抱えた子どもが早期に発見されるようになってきた今こそ，問題を抱えた子どもたちに個別にケアを行えるよう，教育相談室のさらなる充実が必要なのではないかと思う。

4 いじめ・いじめられる親の立場から

森田（1985）の理論によれば，いじめを生み出す子どもの集団は，①被害者（いじめられっ子），②加害者（いじめっ子），③観衆（はやしたてたり，おもしろがって見ている子），④傍観者（見て見ぬふりをする子）および仲裁者（いじめをやめさせようと働きかける子）の4層構造（p.17参照）からなっているとする。じつはこの4層構造のまわりを取り囲む5つめに，"大人"の

層がある。この5つめの層が，子どもの4層構造とその機能を大きく左右しているのである。この観点から，いじめ問題にかかわる親の対応を考えてみる。

文部科学省の「生徒指導上の諸問題の現状と文部科学省の施策について」（平成13年度）によれば「いじめ発見のきっかけ」の1位は，「保護者からの訴え」であり，全体の32.2％となっている。最初にいじめに気づき何らかの形で表面化させるのは被害者の親であるといえよう。

いじめの問題が，子どもたちどうしやその所属集団（学級，クラブ等）の間で解決できればそれにこしたことはない。しかし，親がわが子がいじめの被害者だと気づいたとき，その驚きやとまどいから，感情的な告発に陥り解決に向けての冷静な対応ができなくなることが少なくない。被害者の親はいじめの背景や状況の適切な理解より先に，「なぜわが子がいじめの対象になったのか」「なぜ，その場を監督していた大人（多くの場合は教師）はいじめを阻止できなかったのか」など，疑念や怒りが生じることが多い。また，被害者の子どもはいじめが露見することで，報復の形で行われることの多いいじめのいっそうのエスカレートを恐れる。親にもいじめの状況について詳細に語ることを躊躇する場合も多い。そのため親はわからないことだけにいっそう不安が増すこととなる。さらに，親がわが子が被害者であると知るころには事態が深刻な状況になっていることも多く，事態への対応が複雑で難しくなることが多い。

ここでは，いじめの被害者および加害者の親の立場になった場合，どのような対応が求められるのかについて述べる。

■1──いじめられる子の親の対応

（a）いじめの被害者となった時の対応

いじめの被害者となった子どもは，寡黙になったり，親と目を合わせなくなったり，食欲が減退したり，頭痛，腹痛，嘔吐などの身体症状をみせたりするようになることが多い。まずはこのような子どもの行動面や身体面にあらわれる変化を鋭敏に読み取ることが親に求められる。そして，子どもの不安や恐怖心や孤独感をやわらげるようかかわることであろう。そのためには，子どもの味方になってやることである。最終的に子どもが逃げていく所は親の懐である。危機に直面した時に守ってくれる存在は親である。本人がいじめられていると

感じていれば「いじめ」なのである。子どもの言動を否定することなく，つらかった本人の心情を無条件に受け入れ，いたわることが最初の対応である。

　次に大切なことは，冷静で迅速な対応である。わが子がいじめの被害者とわかった時に，いかに冷静に対応できるかどうかが，その後の対応の分かれ目である。いつ，どこで，だれに，どんな「いじめ」を受けたのか，いじめの状況について，事実をていねいに聞き出す必要がある。そして重要なことは，本人が親にどうしてほしいと感じているのか，学校や学級，教師や友人に対してどんな思いを抱いているのか，友達や教師には何を求めているのかといった援助ニーズを適切に理解することである。

　この際，配慮したいことは，子どもの発達段階と親子関係である。場合によっては，被害を受けた子どもはいじめの事実を親に話すことを拒んだり，親の顔色をうかがい親の解釈にあわせた釈明をし，結果として事実をゆがめて伝えることもある。実際には親に多くを語らない場合が多く，教師とともに事実を聞き出すことになる場合もある。事実をきちんと時系列に沿って聞き出したい。

　子どもからいじめ状況を聞き出すことができたら，そのいじめが行われた場の監督責任者にその事実を確認し，今後の対応策を考えることとなる。教師を中心とした監督責任者には，事実確認を依頼すると同時に，協力して対応策を考えたい旨を積極的に伝える。とかく互いに相手側の責任を追及し糾弾することになりがちであり，周囲の大人までが加害—被害の関係に入りがちであるが，子どもの成長と発達を考え，教師とともにいじめを克服し，そのなかで新たな人間関係の拡大を図るという視点を大切にしたい。いじめをきっかけに，より豊かな人間関係をつくりあげるという考え方に立つことができるなら，子どもの世界を守る大人の役目を果たせたといえるであろう。

　また，教師を中心とした，「いじめ」が行われた場の監督責任者は，親からの訴えをじっくり聴くことが大事である。親からの訴えや相談を拒否したり，否定したり，逃げたりする姿勢は親に不信感を与え，責任追及と糾弾を中心とした対応を誘発することとなる場合が多い。防衛的になるのではなく，謝罪すべきは謝罪し，親とともにいじめを克服する姿勢こそが，子どもの"モデル"となる。

（b）いじめられる前の対応

竹川（1993）によれば，いじめ発生の要素は，①いじめる側の「いじめ衝動」，②いじめられる側の「ヴァルネラビリティー」，③「いじめの許容空間」の3つがあるという。このうち，いじめられる側の「ヴァルネラビリティー」とは，いじめられている子の「いじめられやすさ」と考えられる概念であり，いじめる側の攻撃性を誘発しやすいものである。そうだとすれば，いじめられてからの対応と同時に，いじめが発生する前の段階での対応も必要となってくる。

いじめられやすさは，同胞とのコミュニケーションスキルの問題でもある。

親としてわが子の「いじめられやすさ」を理解し，日頃から対人関係スキルを伸ばすことに努める必要がある。日頃から家庭内でのコミュニケーションや地域社会における他者との交流を心がけることも必要である。いかに多くの人と日ごろから交わり，心を通わせているかがポイントになる。これは学校カウンセリングの領域では，「開発的」とか「育てる」カウンセリングとよばれてきた指導援助の考え方である。教師が，親にもそのような視点に立つことを，学校のいじめ対策の一環として家庭教育学級などで啓発する必要がある。

2 ── いじめる子の親の対応

（a）いじめた時の対応

わが子が「いじめ」の加害者だったり，その追従者（森田，1985による観衆・傍観者）であり，相手の心と身体に重大な傷を与えてしまうようないじめをしたとわかった時，親はどのような対応が必要になるのだろうか。

池島（1997）によれば，いじめる子どものいじめの理由は，①相手が嫌いだから，②毎日の生活に不満があるから，③おもしろそうだからというふざけ心から，の3つにまとめることができるという。

しかし，親としては，「どんな理由があるにせよ，弱い者いじめは絶対にいけない」ということをわからせることである。逃げずに正面から向き合い，わが子に伝えるための努力をすることである。いじめをするに至ったわが子の気持ちをじっくり聴きながら，いじめる側の子どもにも，しばしば不安や悩みがあり，家庭環境や仲間関係に同情すべき不幸を背負っていることもある。だれに，いつ，どのようなことをしたのかを問いただし，いじめた相手の心がどの

ような傷を負ったのか，わかりやすく伝えることが大切であり，相手の身になって考えさせる。通り一遍のお説教ではなく，ひとりの大人として許さないと毅然とした態度で伝える。また，いじめられた子への謝罪をどのような形で行うことが必要かも一緒に考えさせる。場合によっては親が同伴して，相手とその親に謝罪してみせることも重要である。悪いことをしたら贖罪が必要であることを親自らが手本をみせることになるからである。

「いじめられる子にもそれなりに理由があるので，うちの子ばかりが悪いわけではない」などといじめを許したり，黙認したりする態度はわが子のためにはならない。親自身が毅然として自己に厳しい姿勢を示すことで，子どものなかに善悪を判断する自我が育つのであり，いじめの仲裁者，ストッパーとして子どもを育てることになる。

また，二度といじめをしないことを約束させる，いじめた相手に対して今後どのようなかかわりをしていくのかも十分に考えさせる。大人として子どもに自己決定のできる対応方法を複数示して，本人に選択させる。ただし，いじめ問題の解決には時間がかかることを知っておく。当事者である子どもどうしとその集団の成員であるまわりの子ども，そしてその所属する集団の監督・指導者（多くは担任教師）とともにその解決の過程をほどよい距離をとって見守りつつ，必要に応じて介入・関与していく。

(b) いじめる前の対応

いじめの加害者の親子関係の特徴は，①親が子どもの言動にいろいろと口を出すことが多い，②親の言うことには納得できなくても，その場は「はい」と言っておくことが多い，③学校の勉強のことを親にあまり話さない，④親はあまり自分のことをわかってくれない（文部科学省「いじめ等に関する調査」平成8年度）となっており，日頃の親子のコミュニケーションに課題があることがうかがわれる。子どもの問題は大人の問題だと思うことが多いが，まさにいじめる子の対人関係能力は，その生育歴のなかで育ったものであるので，日頃から家庭の親子の関係性を，いじめに立ち向かえる力を養う土壌としていきたい。

3──子どもどうしの交わりの力を

子どもの耐性と社会性を豊かにすることがいじめの抑止力になると考える。

それはピア・サポート活動など子どもどうしの助け合いの活動を学校や地域の中で展開したり，ソーシャルスキルトレーニング，アサーショントレーニング，ストレスマネジメントなど，意図的計画的に子どもたちの耐性や社会性を育てる教育をすすめることで可能だと考える。また，学校週5日制の時代となり，土曜・日曜を含めた学校以外の子どもたちの生活の場でより多くの人と交わり，豊かな体験を積ませることも重要となる。とりわけ縦割り集団など異年齢の子どもどうしが交流し，互いに支え合う体験を重視した地域行事を子どもたちとともに作り出していく工夫とたゆまぬ努力が，現代の親たちに求められているのではないかと思う。

5　児童自立支援施設の職員の立場から

■1——児童自立支援施設でのいじめ

　筆者は現在，埼玉県内のスクールカウンセラーであるが，以前に児童自立支援施設において寮母をしていた経験があり，その立場からいじめについて述べたいと思う。

　児童自立支援施設は，保護を必要とする18歳未満の児童生徒が入所する施設である。生徒の入所理由の大半は，窃盗や万引きあるいは傷害などの虞犯，触法行為である。しかし，生徒の問題は非行だけでなく，親との関係を基盤にした人間関係ができていないために自己肯定感が培われていなかったり，生徒自身がもつ衝動性や攻撃性などによって，学校や地域社会での人間関係がうまくいかないなどという問題も抱えていたりするのである。児童自立支援施設での生活は10人程度の生徒からなる寮集団を中心として行われる。その寮を夫婦1組が担当するものを夫婦制，何人かの職員が交替で担当するものが交替制，1人の寮長を中心として何人かの職員と交替でペアを組んで担当するものが併立制とよばれる運営の形態である（家近，2002）。

　施設内でのいじめが起こる時，その理由は，「何となく気にくわない」とか「むかつくから」などのささいなことが多く，生徒自身がいじめの原因をはっきりと認識せずに行い，相手のせいにする場合が多いのである。いじめる側の生徒自身が情緒的に不安定であり，自分のイライラを解消するために，他者へ

の攻撃という形で表現し，身近なものに向けるという一番簡単で手っ取り早い解消方法をとることによっていじめが生まれるのである。そして，いじめる生徒がリーダー的な存在であったり，力の強い存在であった場合，集団の一員である他の生徒はそれに従わざるを得ないということになる。そして，直接いじめをしない生徒も，どこかでそれを許容し，おもしろがり，自らのストレスを解消している状況が生まれてくることが少なくない。そして，生徒の集団は小集団であるがゆえに，個人の感情から始まった行為が集団への行動へと移行することはいともたやすく行われてしまう。

2──いじめの3つのタイプ

小田（1997）は，いじめのしくみを，①閉鎖的な空間と強い順位制がいじめを生む「ニワトリのつつき順位型」いじめ，②自分たちと異質なものをつつき出そうとする「みにくいアヒルの子型」いじめ，③明らかに犯罪を構成する「非行型」のいじめの3つの型にまとめている。

まず，「ニワトリのつつき順位型」いじめである。ニワトリを狭い空間に囲い込んで飼った時，強いものが弱いものをつつくという行動が連鎖的に起こるというものである。施設内での処遇は，その特徴から閉鎖性が高いことと，生徒自身がそれまでに力関係によって自分の存在する場所を獲得するという文化のなかで育ってきたことなどから，このような連鎖が起こりやすい傾向がある。

次に，「みにくいアヒルの子型」いじめである。アンデルセンの童話『みにくいアヒルの子』にみられるように，自分たちと異質なものをつつき出し，排除しようとする行動として現れるものである。新しい生徒が入ってきた時に，すでにいる生徒はその生徒を細かく観察し，行動や態度，口のきき方などをチェックする。そして，しゃべり方が変わっているとか，行動が遅いなどの理由でいじめを行うことがある。また，このタイプでは生徒たちのいういわゆる「シカト」，つまり，相手の存在を無視するなどということも起こる。生徒は入所して2，3日は，自分が生まれ育った地方の言葉を使うが，すぐに標準語を使うようになる。このあたりの生徒の適応能力の高さには驚かされるが，一方で，「異質なもの」にならないようにする子どもなりの防衛のようにも思えることが多い。

最後に「非行型」のいじめである。これは，明らかに犯罪を構成するものである。人にはやってはいけないことがあり，社会の枠組みの中で定められた最終的な規範である刑法を犯すような行為を行ういじめである。ケンカをして他人を殴ることは傷害なのであるが，生徒のなかにはそういう認識をもたないまま，腹が立った理由のみを主張して自分の行動を正当化する傾向があり，その認識を変えることは児童自立支援施設における教育目標のひとつでもある。このタイプのいじめにおいては，理由があれば，どんな方法をとってもよいという考えが強かったり，あまり深く考えずに遊び感覚でいじめを行い，いじめる当人にはその自覚がないことが特徴である。

　以上述べたいじめの型は，それぞれが単独で起こるというよりは複合的に起こりやすい。いずれの型にしても，さまざまな理由に起因するいじめを予防する，あるいはすばやく解消するためには，個人の情緒的な安定を図ると同時に，集団自体の安定を図ることが必要である。

③——信頼関係と集団の雰囲気—いじめを防ぐ鍵

　石原（1964）は，非行少年は，頼れる存在との関係，仲間との関係，かわいがる存在との関係という３つの関係が満たされることで精神的な安定を得ると述べている。生徒のなかには友達がなく，学校などでも疎外感をもつことで，非行傾向のある者どうしが集まって触法行為を行った者も少なくない。いずれにしても「仲間」の存在を求めていることは間違いない。また，入所している生徒の多くは，その生育的な要因，特に自分の親との関係のなかから信頼関係を築いてこれなかった場合が多くあることから，頼りたい気持ちを強くもつ傾向がある。非行グループに所属する少年たちは自らの所属するグループのなかで，これらの３つの関係を満たし，安心感を得ていることがある。暴走族などは，その典型的な例で，その存在は社会的には問題のあるものではあるが，そこに参加することで先輩や後輩，仲間の関係がつくられ，心理的な安定を得ているのである。

　また，非行傾向のある生徒は，集団の雰囲気によって自身の行動が左右されやすいという特徴をもっている。暴走族に入れば，「ケンカ上等，無免許運転あたりまえ」であり，みんながやっているから悪くないと簡単に思ってしまう。

しかし，たとえば，集団で暴行を行うという行為をくり返していた生徒であっても，暴力を認めない集団，つまり健全な集団のなかに入ると，暴力行為はなくなるのである。このことはいじめにおいても同様で，先に述べた個人的な感情から始まる特定の生徒へのいじめは，当然ながら，集団がいじめをしてもよい雰囲気をもっていれば助長されるし，そうでなければ抑制されるのである。つまり，いじめの行動に対する集団の規範や雰囲気が影響を与えるのである。

4──核と枠の安定をめざす─学校でのいじめ対策のヒント

　以上述べたような非行少年が「関係性」によって行動が左右されるという特徴は，児童自立支援施設にいる生徒ばかりでなく，一般的に子どもたちに共通していることであろう。たとえば，学校などで，生徒自身が認めた，あるいは信頼できると感じた先生の言うことは素直に聞くが，同じことを他の先生が言っても反抗するというようなことはよくあることである。つまり，伝えられた内容そのものではなく，伝えた人との関係性によって受ける側の生徒の反応が変わるということである。

　また，いじめや逸脱行動を行う生徒がいる時に，教師を含めた集団自体が「しかたがない」という雰囲気をもっていれば，そこで起こるいじめを認め，助長してしまうのではないだろうか。学校では，教師が「いじめは絶対に許さない」という毅然とした態度をもつことが強調されている。そのことは大前提ではあるが，子どもとの関係をつくることを抜きにしては，その言葉は虚しいものであると感じる。

　施設のなかでよく目にしたことだが，じゃんけんをして勝った者が負けた者をスリッパで叩くというゲームがある。こういう場合，純粋にゲームとして楽しんでいるのか，いじめなのか判断に困ることがある。その時に，「いじめはやめなさい」と言って中断させればそれでよいかというと，そうはいかない。そしてこのような時，そこで職員がどのように行動するかということを，ゲームをしている生徒も，状況を見守っている生徒も確実に観察しているのである。それは，職員が自分たちの信頼に値する人間なのかどうかを判断しているといっても過言ではない。職員として，その場の状況を観察することが必要であることは言うまでもない。そして，ゲームを中断する時には，生徒の行動を一方

的に悪いと決めつけ，禁止するだけでは生徒との関係はつくれない。まずは，「ゲームをしているんだ」という生徒の気持ちを理解しなくてはならないし，一方的ないじめではなく，一定のルールと公平さをもったゲームとしての一面は認め，そのうえで，叩くことに対しては制限しなくてはいけない。このような時に，生徒の考えていることを十分に理解し，受容したうえで，悪いことは悪いとはっきり言えない職員は生徒からも信頼されないし，集団を安定させることもできないことを強調したい。そして，このような日常の出来事一つひとつにていねいに対応することを怠ると，集団はあっという間に統制を失ってしまうことが多いのである。

　筆者は個人と集団の安定を図ることを「核と枠の安定」とよんでいる。核とは，個人のもつ安定感やコントロール能力へアプローチすることを意味し，枠とは，集団との関係や雰囲気，集団のなかでの規則やしつけなどを含めたものを意味する。つまり子ども自身の自分と折り合う能力（核）を育てることと，子どもを育てる環境（枠）を成長促進的なものにすること，この両者を同時にすすめていくことは，いじめへの予防となりうると考えている。これは，学校心理学で指摘されるように（石隈，1999），「個人としての子ども」と「環境のなかの子ども」の相互作用に焦点を当てることと通じる。学校と児童自立支援施設という違いはあるものの，子どもの心理面の安定や，生徒と教師，仲間，先輩，後輩などとの関係，「よい学級づくり」に置き換えてみると共通点も見えてくるのではないだろうか。学校での信頼関係や人間関係によって核の安定を図り，学級づくりをして枠をつくること，そしてこれらが相互に作用し合っていじめの予防ができるのではないかと筆者は考えている。

Column ⑫ 子どもが望む「いじめ」問題対策

　学校での「いじめ」問題を考えるときに、「いじめられる子ども」の側に立って考えるか、それとも「いじめる子ども」の側に立って考えるかで、問題の見え方は違ってくる。とかく「いじめられる子ども」の支援に目が向けられることが多いなかで、ここでは特に「いじめる子ども」の心の内面に目を向けてみたい。私の経験から、いじめる子どもにも2つのタイプがあると思う。1つは、大人の前では「いい子」を演じて、陰で弱い子を感情のはけ口としているタイプの子どもである。もう1つのタイプは、自己の内面をうまく言葉で表現するのが苦手で、ついつい手がでてしまう子どもである。しかしいずれのタイプの子どもにも共通して言えることは、彼らの「心の叫び」を本気で聴いてくれる大人がいないという現状が、彼らのそのような一見して問題と見えるような行動を引き起こしているということである。このような子どもたちが求めていることは、まず親が彼らの存在をそのままの姿で受け入れ、認めてくれることである。子どもの心に本気で向かい合って、子どもの悩みを真剣に聴き、支えてくれる親が、そしてさらには教師が必要なのである。そうすることで子どもは安心感を覚え、それが信頼感へと変わり、家庭や学校において自分自身の居場所を確保することができるのである。

　家庭、学級、そして学校でのこうした問題を内側に抱え込んでしまう傾向の強い日本の社会では、やはり第三者が子ども、親、教師、そして学校の間に介入し、互いの意思の疎通を促すことが必要だと思う。第三者の介入といっても、家族や学校という組織の境界に立ちつつ、時には組織を構成するメンバーのひとりとして支援することが大切である。第三者はある時は「親」の気持ちを伝え、またある時は「教師」の気持ちを伝える。また必要とあれば、他の社会資源を提供することもある。問題解決の糸口が見つかり、家族がシステム*としての機能を回復すれば、第三者は内側からの介入から、外側からの支援に移っていく。

　「いじめ」をはじめとする学校内での問題の原因は家族関係の影響を受けている場合が多いことから、家族心理学の視点に立って支援ができる専門家（家族心理士または家族相談士）との協力が求められるであろう。1人の子どもに対して、教師、カウンセラー、そして家族心理士あるいは家族相談士がチームを組んで支援することが、問題解決の最善策であると思う。それぞれの立場でできることを最大限に行い、連携し協力しあっていくことが望ましいのである。

　＊家族心理学では家族を「システム」、すなわち個々の成員が相互関係性をもった全体として理解している。

Column ⑬

諸外国のいじめの現状④―イギリス

「毎年10例以上がひどいいじめに発展し、10代の子どもが自殺してしまうほどである」。イギリスのいじめを報じた新聞記事だ（Hall, 1993）。24校7,000人の子どもを対象にしたシェフィールド（Sheffield）での調査では、小学生の27％、中学生の10％がいじめられた経験があり、小・中学校でそれぞれ12％と6％の子どもがいじめの加害者であった。

いじめ問題へのイギリスの取り組みは、1980年代後半からである（Smith & Sharp, 1994）。1978年にローウェンシュタイン（Lowenstein, L. F.）が、「いじめっ子はだれか」「いじめられる子、いじめられない子」と題する短い論文を書いていたが、学校でのいじめが深刻であるとは認識されていなかった。1989年ころから、いじめによる子どもの事件が発生し、学校におけるいじめに関する著書も出版された。メディアや社会の関心が高まり、教育関係者もいじめは重要な問題だと考えはじめた。いじめはほとんどの学校で発生しており、親や教師が認識している以上にひどい実態であることがわかったのである。いじめ問題への関心を強くした背景には、教育的な介入によりいじめを減少させ得ることが、スカンジナビアの研究ですでに明らかにされていたことがある。いじめに関する最初の大規模な介入プロジェクトが、教育省の助成を受けて前述のシェフィールドで実施された。参加校全体に共通するいじめに対する教育方針の実施と、各学校が選択できる介入プログラム（クラス討論のためのビデオ、被害者に対する自己表現の訓練、ピアカウンセリング、校庭の改善、昼食時間の改善等）の実施の2つが計画された。1990年末に第1回の調査を実施し、2年後の1992年末に第2回の調査を実施した。介入プロジェクト開始から2年後、小学校では「いじめられなかった」子どもの割合は増加（15～80％）し、「いじめられた」頻度も減少した。中学校では大きな変化はなかった。「いじめなかった」子どもの割合は小・中学校のほとんどで増加した。学校差があり単純ではないが、介入プロジェクトにより、いじめ問題が改善されることが示唆された。

親向けの小学校ガイドと中学校ガイド（Sweetman, 1995a, 1995b）には、注意すべき重要事項に子どもの「いじめ」があげられている。子どもの変化に注意し、自分の子どもが加害者、被害者になった時は、いじめがないかのようにふるまってはいけない、「しっかりと冷静に」学級担任、校長と話し合うことが解決の一歩になると。1996年にマッチ・ウェンロック（Much Wenlock）の小さな小学校を訪れた時、そこでもいじめがあると子どもが言っていたのが印象的だった。

Column ⑭ 諸外国のいじめの現状⑤——オーストラリア

　オーストラリアでは，1990年代以降，いじめが教育的，社会的問題として注目を集めてきており，その後の調査，研究によって，その現状が明らかになってきている（Rigby & Slee, 1999）。

　リグビーとスリー（Rigby & Slee, 1991）は，他者報告によれば，児童生徒の男女それぞれ約10％が，自己報告によれば17％弱の男子，約11％強の女子がいじめの被害者であるとする調査結果を示している。また，リグビーとスリー（Rigby & Slee, 1999）は，1993年から1996年まで60校を対象に行われた大規模調査結果について言及し，いじめの頻度に関して，男子の20.7％，女子の15.7％が，週1回はいじめの被害を受けていることを明らかにしている。いじめの持続期間については，約半数の児童生徒が2，3日の範囲であるとしているが，8％の者は，いじめが6か月以上続いていると報告している（Slee & Rigby, 1992）。さらに，被害者は，より高い頻度で精神的苦痛や体調の不調などを経験しており（Rigby, 1998），低い自尊感情と幸福感なども示していることが明らかになっている（Rigby & Slee, 1993）。

　上記のような結果は，いじめがこの国の児童生徒の成長や学校生活に強い影響を及ぼしていることをうかがわせるものであるといえよう。

　さて，このようないじめの問題を解決すべく，近年，以下のような新たな取り組みがなされている（Soutter & McKenzie, 2000；Rigby & Slee, 1999）。ある学校における取り組みでは，教師，保護者が集会などを利用して，いじめに対する共通理解を促進し，一貫したアプローチの決定や合意を行い，それをもとに実際に介入を進めるなど，教育コミュニティーにおける包括的取り組みを実施している（Soutter & McKenzie, 2000；Rigby & Slee, 1999）。また，いじめを解決するために，教師が生徒のよきモデルとなるために作成したさまざまな行動規範を実践したり，いじめが一番頻繁に発生する場所である校庭の監視を行ったりしている（Soutter & McKenzie, 2000）。ほかにも，被害を招きやすい児童生徒への社会技能訓練を用いた行動修正のトレーニングや，電話を用いた被害相談に関するネットワークの拡充などに取り組んでいるのである（Rigby & Slee, 1999）。

　いずれの取り組みも，いじめを一部の子どもたちだけの問題とするのではなく，教師，保護者，生徒が，自分たちの全員の問題として協力して取り組むことを特徴としている（Soutter & McKenzie, 2000）。さらに，これらの取り組みについては，その効果に関する評価がなされ，より高い効果を得るべく，さらなる改善をめざした試みがなされているのである（Soutter & McKenzie, 2000；Rigby & Slee, 1999）。

第3節 いじめ被害者に対する心のケア

1 被害者に対する心のケア―「いじめ」経験から脱皮するために―

「いじめ」について何かを言おうとすることはとても難しい。「いじめ」が主観的な経験でもあるからだ（森田・清永，1994）。学校の外部にいる人たちからはもっとわかりにくいのだろうが，学校内部にいる者にとっても「いじめ」は見えにくい現象である。多くのいじめは仲間グループのなかで起こっている（森田ら，1999）。友達どうしのケンカなのか，一方的ないじめなのかわかりにくい。また，友達から話しかけられず「いじめられた」と泣いていた子どもが，翌日は同じ友達から話しかけられ「いじめじゃなかった」と言う場合もある。友達関係でトラブルを抱えている子どもが「いじめられている」とはあまり言わないことも，いじめをわかりにくくしている。「被害者」になることは本人の自尊心にとって許容しがたいことのようだ。

さらに，大人の側の認識にも問題がある。「いじめは昔からあることで，われわれの子ども時代にもあった。子どもどうしのことだから大人が口を出すべきではない」という考え方はまだ根強い。たしかに子どもどうしのトラブルすべてに大人が介入していては，キリがないし，子どもたち自身の成長の機会を奪うことにもなりかねない。子どもたち自身で解決できるのか，大人の介入が必要なレベルなのか，見極めが難しいのである。

このような状況のなかで，筆者のような女子校のスクールカウンセラーが出会う，いじめについて援助を求めてくる子どもたちは，いじめを経験している

子どもたちのほんの一部だろうと思う。筆者のところへ相談にくる子どもたちは、「いじめを受けている」と自ら認め、その経験から立ち上がるために、カウンセリングや大人に話をすることが何らかの役に立つだろうと信じることのできた子どもたちだからである。

本稿では、「いじめ」の被害者がその経験にとらわれず生き生きとした自分を取り戻すためにどんな支援ができるのか、事例をもとに考えてみたい。ただし、プライバシー保護のため、筆者が出会った子どもたちから学んだことをもとに、いくつかの事例を再構成していることをあらかじめお断りしておく。

1 ── 子どもの心に影を落とすいじめ

ある日の放課後、中学生の女の子がカウンセリングルームにひとりで来室した。他の生徒たちが帰ってからも、ぼーっとした表情で黙ってソファーに座っている。筆者が声をかけると彼女はポロポロと涙をこぼした。しばらく待って話を聴くと、今日一日、友達が話しかけてくれず、特に思い当たる理由もないという。彼女は小学校のときに友達からいじめられたことがあり、このまま、またあの時のように何か月も無視され続けるのではないかと不安を感じていた。筆者は彼女が話してくれたことに感謝し、小学校の出来事はつらかっただろうが今回は違う結果になるかもしれない、明日一日ようすをみてもう一度私と話をしてどうするか考えないか、と提案し、彼女を部屋から送り出した。

この女の子のように、それまでに受けたいじめの経験が現在の友人関係に影を落とすことは少なくない。「信頼していた人に陰口を言われていた」「打ち明けた秘密を言いふらされていた」「男子にからかわれ続けたので女子校を選んだ。卒業して共学の大学に行くのが不安だ」「人が信じられなくなった」などの話を聞く。そのようないじめ経験をフィルターにして、子どもたちは現在の友人関係を結んでいる。彼らはどこかで相手を信じきれず、再び裏切られることのないように自ら友達と距離をとり、打ち解けられない。いじめがきっかけになり学校に来られなくなることもある。女子が受けるいじめは仲間からの「無視」が一番多く、たいていの場合、いじめる側は「いじめられる側にも理由がある」と主張する。そのため、いじめを受けた子どもは自分に何か落ち度があったからいじめられたのではないかと自分自身を責め、自信を失ってしま

う場合も多い。それまでの経験から，友人関係から退却しがちになり，ますます友達から疎遠になってしまうという悪循環をくり返す場合もある。

　このようにいじめられた経験はその時だけの問題ではなく，他者への信頼感を失い，自分への信頼を失い，さらに人間関係の経験を乏しくするという面で，その人のその後の人間関係のありように深く濃い影を落としている。しかし，いじめを受けた子どもすべてがそうとは限らない。カウンセリングルームで「いじめられてた」と語る友達相手に，「うん，私もいじめられてた！」とじつにあっけらかんとさわやかに言ってのける子どももいるのだ。一言で「いじめ」といっても実際の経験の過酷さには違いがあるのかもしれない。ただ，本人のもともとの性格や環境・経験の違いも，いじめの受けとめ方の違いを生んでいるように思われる。

　いじめられた子どもが必死の思いで話したいじめられた経験を，親に「そんなことぐらいで学校行きたくないなんて言わないの」と叱られたり，教室でのいじめがつらくて体調を崩しているにもかかわらず，教師から「がんばって教室に行こう」と励まされたりして，ますます自分を追い込んでしまう例もある。周囲の人たちに自分の苦しさが理解されないということは，自責感を深め，いじめで傷ついた心の回復を遅らせてしまう。次に，いじめを取りまく周囲の大人たちの対応について考えてみたい。

2──いじめを取りまく大人たち─いじめを防ぐには？

　まず，同級生との行き違いが「いじめ」に発展したA子の事例をみてみよう。

　A子は同級生に比べるとやや幼い印象を与える生徒で，勉強はあまりできるほうではない。自分の考えや気持ちを言葉で伝えることが苦手で，友達から意見を求められても黙ってしまう。授業中うまくできないことがあると，泣き出してしまい，そのために授業が滞ることもあった。

　A子はある日，学校に行きたくない，と母親に言いだした。理由を尋ねる母親にA子は泣きながら次のような話をした。その日，A子が理科室へ移動しようとしたら，いつもは一緒に行く同じグループのB子ら4人が走って先に行ってしまった。遅れてA子が理科室に入ると4人は集まって話し込んでいた。そしてちらりとA子の顔を見ると笑い出した。A子は自分のことを笑われたのだ

と思った。次の体育の時間もB子たちはA子の着替えを待たずに先に行き，A子がB子たちに近づこうとするとB子らににらまれた。明日も同じことが起こるかと思うと怖くて学校に行けない，とA子は母親に訴えた。

　この話を聞いたA子の母親はB子に電話をかけ，直接事情を聞こうとした。B子はA子の母親からの電話に，たまたま用事があって先に行っただけだし，A子をにらんでもいない，と答えた。次に母親は学級担任に電話し，A子とB子の話を伝え，A子がこのまま不登校になると困るので明日は学校に行かせる，先生も配慮してほしいと依頼した。

　翌日，担任はA子とB子たち4人の話し合いの機会を設けた。B子たちはたまたま係の用事があって先に行っただけでA子を置いていくつもりはなかった，理科の時もA子を笑ったわけではない，体育の時もにらんでいない，と主張した。さらにA子のほうから話しかけてくれればよかったのに，こんなことで親まででてくるなんておかしい，と述べた。担任はA子にもB子らにも努力すべき点があり，この話し合いで誤解は解け，両者は和解できたと判断した。

　その日の夜，A子の母親から担任に再び電話があり，A子はその場では4人対1人だったので怖くて何も言えなかった，また行っても同じだと思うから明日は学校を休みたい，と言っている，母親自身も子どものころいじめられた経験があり，A子のつらさはわかる，こんな状態では安心して学校に行かせられない，と語った。担任は直接A子と話したいと伝えたが，A子は電話に出ず，担任はB子たちともう一度話してみると母親に約束して電話を切った。翌朝，A子の母親から，A子はしばらく学校を休ませる，と学校に連絡が入った。

　さて，このような事例が身近で発生した場合，それぞれの立場でどのような対応を私たちはしがちだろうか？　A子の母親や学級担任は，それぞれA子のために最善と思われる行動をとったのだろうと思う。当事者になってみなければ，わからないことも多い。しかし違う対応もあったのではないか，と筆者は思う。誤解を恐れずに，この事例についていくつかのことを指摘したい。

　まず，この事例の経過を整理してみよう。発端は①A子と友達との間に行き違いがあり，②それをA子は母親に訴えた。そして③A子の母親は相手のB子に直接電話し，④その後，母親は担任に訴えた。⑤担任はグループ全員を同時に呼びだして話し合いをもち，⑥A子と他の生徒の間に誤解があることが明らか

になり、和解に達したと判断した。しかし⑦A子は多勢に無勢のなか、もともとの口下手もあり、自分の主張を適切にできないまま話し合いが終わっていた。

　以上の7つの過程のうち1つでも違っていたら、事態はもう少し改善できたかもしれない。まず、A子と友達の間の行き違いが防げていたとしたらそもそもこの事件は発生しなかっただろう。その背景にはA子が他の生徒とペースが違い、仲間集団からはじき出されやすい「異質性」を抱えていたことがあるだろう。「異質性」を認め合えるような空間として教室があれば、A子のような生徒も疎外感を感じないですんだかもしれない。また、A子が自分の意見を言葉で主張することが苦手だったことも他の生徒と行き違いを自力で修復することを難しくしたのだろう。B子らも一言「先に行くね」などの声をかけていれば事態は違っただろう。両者のコミュニケーションスキル不足が行き違いを広げたように思う。

　次に、困難なことがあった際にA子の相談相手は母親だけだったという点に着目したい。思春期の子どもたちは家族以外に同級生、先輩、学校や習い事の先生などさまざまな人を相談相手に選ぶ。多様な選択肢がありうるなかでA子の選択肢が非常に少なかったことが残念である。日ごろからA子のことを気にかけている人がもっといて、そして、気にかけてもらっていることがA子自身に伝わっていたら、と思う。というのは、生徒たち自身が「子どものケンカに親が出るなんて大人げない」と言うほど、子どもたちは自分たちのトラブルに保護者が介入してくることを嫌う。保護者の意図に反して、子どもたちは大人に叱責されたと受け取り萎縮することもある。そのために相手の子どもの反感を買い、かえってトラブルが拡大することもあるほどだ。保護者が相手の子どもと直接話そうとする時はそのような事態も考慮に入れ、慎重に対応したほうがいいだろう。たとえば相手の保護者も交えて話し合うなどの工夫が必要かもしれない。また、最近の保護者世代ではA子の母親のように自分自身も過酷ないじめの被害にあってつらい思いをした人もいる。そのため自分の経験と重ね合わせて過敏な反応を示す人もいる。反対に自分も耐えてきたのだから子どもも耐えられるはずだ、と子どもの経験を過小評価する人もいる。子どもたちが家族以外の人に相談できるメリットは、子どもたち自身が自分の経験を冷静に眺め直すことができるという点にもある。そのためにも保護者は学級担任や学

年主任に早めに連絡を取ってはどうだろうか。なかには「ようすをみましょう」と言うばかりで何も対応してくれない教師もいると聞くが，誠実に対応しようとしている教師は少なくない。教師の側も保護者や生徒が気軽に連絡を取れるような関係を日ごろから築いておくことが重要だろう。

　さて，学級担任はA子とグループの生徒たちとを同時に呼び出して話を聞いた。当事者どうしが話し合わなければ事態はすすまない，という考えもあるだろう。しかし，まずA子から話を聴き，その後グループの生徒たちそれぞれから個別に話を聴くというのが鉄則だろう。被害者側は数の圧力に萎縮して，思うように話せなくなる。また，長期にわたるいじめに脅えて相手の顔さえまともに見られなくなっている場合もある。被害者側のそのような心情に配慮すべきである。また，同じグループの子どもたちはお互いに牽制し合い，ひとりが言い逃れを始めると残りのメンバーも追随しやすい。リーダー格の子どもが話し合いを牛耳ってしまうこともある。そのような事態を防ぐためにも個別に事情を聞くのが鉄則である。学級担任はできたらほかの教師と協力して，手分けして話を聴くとよいだろう。いつ，どこで，何がだれとだれとの間にどのようにおこったのか（5W1H）を具体的に聞き出すようにする。いじめられた側の話を聴く際は，その子どもの気持ちに沿って話を聴くことが大切である。場合によってはていねいに話を聴くだけで，その子ども自身が対応を見つけだせることもある。話し合いをもつのはその後でも遅くない。話し合いに臨む前に，いじめられた側の子どもと話し合いのシュミレーションをするのもよいだろう。話し合いの際も被害者側の表情などを観察し，言い足りないことがあったら再び話し合いの機会をもてるように保証することが助けになるかもしれない。また，話し合い後のようすを注意深く観察し，両者にこまめに声をかけることも大切だろう。教師の目から逃れていじめが進行し潜在化していたのではせっかくの対応も意味がない。

　さらに，大人たちの価値観が子どもたちの人間関係に影響を及ぼしている点にもふれておきたい。A子のような他の子どもたちとペースの違う子どもは，一斉授業という形式の教育形態では足手まといになりやすい。保護者のなかにはわが子の勉強の進度を心配する人もいるようである。そのような保護者の感覚は子どもたちの関係にも影響する。また，教師の価値観はもっとダイレクト

に子どもたちの人間関係に影響している。子どもたちのいる教室内の人間関係は大人社会の鏡でもある。私たちの社会は，想像を超えるほど多様化が進んでいる。たとえば，ある生徒に「私，何人だと思う？」と尋ねられたことがある。恥ずかしいことに筆者は何を尋ねられているのかもわからず「日本人？」と答え，その生徒は「よかったー，私も日本人にみえるんだ」と応じた。そこでようやく筆者はその生徒が外国籍であることに思い至った。また，ある子どもが「お母さん」という言葉を使えば，たいていの人は特定のひとりの人という先入観を抱きがちではないだろうか。しかし，実際は両親の離婚や再婚などで母親が2人いる場合もあれば，養子関係などで実の親子ではない場合もある。このようにひとつの言葉に託されるイメージや内容も一様ではないのである。大人も子どもも多様性に思いを馳せ，「違い」を尊重し認め合う関係が社会の中に築ければ，教室内のいじめという病も力を失っていくのではないかと思う。

3 ──「いじめ」からの脱皮

　最後にC子の事例を通して，どのような援助がいじめ経験からの脱皮を促すことができるのかについて考えてみたい。

　C子は中学に入学して間もなく，小学校からの親友D子に陰口を言われた。他の同級生もD子の言う陰口に同調しC子とかかわらないようになった。それに気づいたC子は，教室にいると体が震える，気持ちが悪くなるなどの不調を訴えるようになった。はじめのうちは保健室で休んでいたが，養護教諭がC子に事情を尋ね，同級生からの嫌がらせが発覚した。体調が悪く遅刻するC子に同級生たちは冷ややかな視線を向け，時にはC子を揶揄するような言葉を浴びせた。しだいにC子は学校を休みがちになり，2学期になっても学校に行けず，保護者もC子も学校側の対応に不信感をもちC子は転校した。

　転校したC子は1か月足らず登校したが，再び学校を休むようになり，新しい学級担任の勧めで筆者のところへくるようになった。初対面のC子は表情も硬く，非常に口数が少なかった。筆者はこれからどうしていったらいいか一緒に考えたいと思っていることを伝え，ここでは話したいことを自由に話してほしいこと，話したくないことは話さなくてよいこと，原則として秘密を守ることを付け加えた。

相談にくる日以外はほとんど外出しないＣ子と，一緒に粘土細工をしたり，Ｃ子が持ってきた音楽のＣＤを聴いたり，マンガを読んだりする時間が続いた。そのうち，Ｃ子は今興味をもっていることを話すようになった。筆者もＣ子が見たという映画を見たり，本を読んだりしてＣ子が何を感じているのかを考え，感想を話し合った。やがて，Ｃ子は前の学校での出来事，小さいころのこと，家族のことも話すようになった。いじめについては，「なぜ，そんなことをされたのか，理由が知りたい」と強い口調で語っていた。

中学２年生の終わりごろには共通の趣味を通して知り合った友達との交流が広がり，筆者との約束をキャンセルすることも多くなっていた。中学３年生になって再会したＣ子は少し雰囲気が変わっていた。会わない間にさまざまな経験をしたようで，そのひとつがいじめの理由をＤ子に聞きに行ったことだった。実際は直接会えなかったようだが，前の学校の友人にＤ子の話を聞き，ある程度気持ちの整理をつけたようだった。また，今の友達とうまくいかないことも，「こんなことがあった」と筆者に話してくれた。そのつど，Ｃ子がその時どう感じて，どうふるまい，相手がどんな反応をしたか，次はどうしようか，と対応を話し合った。

中学３年生の夏休みを終えたころから，筆者はＣ子の将来の夢などを話題にした。Ｃ子は高校に行くつもりはないと言っていたが，仲のよい従姉や年上の友達，家族などの勧めもあり，自分に合った学校を探して受験し見事に合格した。卒業してからも筆者のところへ時々連絡をくれる。アルバイトをしながら，毎日元気に学校に通っているようすをきいて，とてもうれしく思っている。

Ｃ子の事例から回復の過程をふり返ってみたい。はじめのうち口数の少なかったＣ子は身近な人に裏切られた経験から人に対する信頼感が薄くなっていたのだろう。筆者はまずは安心していられる空間を用意したいと考えた。秘密を守ること，話したいことだけ話せばよいことは，それを保証するためのカウンセリングの工夫である。いじめは被害者の人格を否定し，主体性を奪う行為である。Ｃ子が主体性を取り戻す時間をもてるように，筆者はＣ子の言葉に注意深く関心をもって耳を傾け続け，Ｃ子自身の意思とペースを尊重した。また，筆者は保護者や担任にもＣ子の意思と自主性を尊重するようにくり返し助言した。いじめ経験に直接向き合うことはとてもしんどいことである。筆者はＣ子

がいじめをふり返る前にC子自身のよさを一緒に発見し、自信を取り戻してもらいたかった。彼女には「好きなもの・こと」があったのが救いだった。筆者はそれを「窓」(山中、1978)として彼女の心にふれ、「好きなこと・もの」を分かち合いながら応援することで彼女のよさを再発見できたと思う。周囲の大人たち(家族、従姉)の支えもあり、C子は徐々に自分のペースで動くことができるようになった。そして、「好きなこと」を通して人とのつながりを取り戻していった。その人とのつながりが、いじめ経験をふり返ることを可能にしたのだろう。いじめを自分の過去の経験としてどう消化するかは、本人が自分自身で発見することが必要である。まずは希望をもって、そのかすかな心の声に注意深く一緒に耳を傾け、寄り添う人がいればいいのだろう。それは、私たちが傷ついた人にできることのひとつだと思う。

2 被害者に対する心のケアの実際

1 ── いじめの被害者をケアするということ

　いじめ被害者たちが、いじめによって傷つくことは当然であるが、それ以上に彼ら・彼女らは、いじめられている自分の姿が他者の目にどのように映っているのかを非常に心配する。被害をあまり騒がれたくないので、受けているいじめを避けたり、受け流したり、あまり考えないようにしながら切り抜けようと試みている。たとえば、蹴ってくる加害者やそれを見ている傍観者の前で、「蹴るなら靴を脱いで蹴れよ」と命令し、自分は蹴られているのではなく蹴らせてやっているのだという構えをみせて、そのようにして表面上は自分を納得させておくということが起こる。加害者たちの差別的言動や暴力に立ち向かうよりも、表面上、平気な顔をしてやりすごすほうが、自分の屈辱感や痛みに向き合わなくてよいぶん、多少は救われるのだろう。このようなかたちで自分を必死に防衛している被害者たちに対して、いじめそのものをターゲットにして介入していくことはなかなか難しい。被害者が加害者の差別に立ち向かっていくこともあるだろうが、ここでは、できるだけ被害にふれずに、その状況を切り抜けようとしている被害者に配慮するかたちでの心のケアについて考えていきたいと思う。

教室でいじめが起こる場合の最大の影響は，おそらく，それによって人々が序列化されてしまうことである。いじめが起きる教室では，加害者，被害者，傍観者，観衆の4層構造が生み出される（森田・清永，1994）といわれるが，これは生徒たちが好むと好まざるとにかかわらず，そのいずれかの序列のなかに強制配置されてしまうことを物語っている。「何か目立つことをしてやろう」という加害者が，いつものように被害者をののしり笑いものにしている横で，「お，はじまったな」と近寄ってくる観衆たち。「ああ，嫌だ，またはじまった，どうにかならないのか」と思いつつその場を離れる傍観者たち。このようにして，いじめを生み出す構えが整えられ，いつものリズムでいじめが再生産されていく。

　被害者に配置されてしまった者への影響は甚大である。ふだんから行っているさまざまな活動が，いじめによってこれまでとは違ったものに組織化されてくるからである。たとえば，笑顔が笑いものにされるのなら笑わなくなってくるし，友達が避けるのなら友を求めないようになっていく。持ち物が隠されるのなら席を離れないようになるし，必要最小限の物しか持ち歩かなくなる。トイレが危険ならば学校では水を飲まなくなるだろう。こうしておのずから，それ以上いじめられないことが第一義的な優先事項となり，他の活動は第二義的な価値しか付与されなくなる。

　この状況が致命的なのは，いじめ状況のなかでは圧倒的多数である傍観者たちを，いじめ容認の方向に傾けていくところにある。いじめ状況に遭遇してしまった傍観者たちは，目前の状況に対して何らかの判断を迫られるわけだが，多くの場合，「やり返さない被害者も悪い」「加害者も悪いけれど，被害者にも悪いところがある」「助けを求めるのなら助けてあげられるけど，そうでない以上手出しできない」という判断を下すことになり，結果的にいじめを容認あるいは合理化する思考の流れができてしまう。被害者がいじめに向き合わず，しかしいじめられないよう慎重に行動しているその対処法が，圧倒的多数の傍観者たちを傍観者たらしめ，結果的にいじめを固定化させていくという悪循環を生み出していく。

　おそらく，被害者自身もやり返さない自分が悪いと自分を責めはじめ，追い込まれていくことになる。したがって，いじめ被害者たちへのケアは，いじめ

によっていやおうなく組織化されてしまった活動のなかに，何か新しい活動を始めるきっかけやアイデアを与えることが必要となってくる。そのようなかたちで自分がケアされるだけでなく，自分がケアできる対象を見いだせるようになると，それによって活動を新たに再組織化できるという意味で被害者たちを支援することになる。新しい活動を始めるにあたっては，いじめられる場（多くは教室）とは違う場のほうが望ましいと筆者は考えている。ここでは，そのような新しい活動を展開し得る場を「ケアの場」として，校内のカウンセリングルームを想定しながら考えてみたい。

　以下，被害者たちがどのようにして新しい何かを始められるか，援助者はどのようなケアができうるのかについて，心の傷の深さに応じて考えていきたい。

2 ── いじめ被害者の心の傷とそのケア

　いじめられることによって受ける心理的打撃は，その人の個性に応じて異なってくる。友達と仲たがいして強く傷つけられる者もいれば，その程度のことでは傷つかない者もいる。一口にいじめ被害者といってもその心理的打撃（心の傷）の程度には差がある。そして，心の傷の程度によって効果を期待できる対応や場の設定のしかたも変わってくるように思う。そこで，いじめの被害者を心理的打撃（心の傷）の程度によっていくつかに分類し，それぞれにおけるケアの実際について考えてみたいと思う。

（a）いじめによる心の傷が比較的浅い場合

　心の傷にも切り傷や打撲程度の負傷があるように思う。切り傷や打撲はたしかに痛いものだが，自力で何とか処置でき，回復も早い。いじめにおける心の傷にもそのような傷がありそうである。たとえば，部活動では仲間はずれにされているが教室では仲よしがいて楽しい，教室ではいじめられているが他のクラスに友達がいる，数人から陰口を言われているが信頼できる先生が応援してくれている，グループでいじめられているが，他のグループの人が助け舟を出す準備があることを伝えてくれている，などである。社会的ネットワークの一部がいじめによって限定的に侵されてはいるものの，他にも拠り所があり多少の余裕があるせいか，いじめを受けるに至った経緯や自分の置かれている状況に向き合っていけることが多い。

このような場合，被害者は問題解決に向けた具体的な手がかりを得たいと考えているので，このような被害者に対しては，社会的問題解決のモデル，あるいは，ブリーフセラピーの視点が役に立つ。

社会的問題解決の手順（Pope et al., 1988）は，問題があることに気づき，その問題は何かをよく考え，どのようになりたいかの目標を決め，いろいろと多くの解決策を考え，考えついた解決策を実際に試みた場合どのようなことになるのかをシミュレーションして，その中から最もよい解決策を選び，段階的に進めるよう計画を立てるというプロセスをふむ。被害者はいじめに直面して不安な気持ちが強くなり，思考がまとまらないという混乱した状態になりやすい。そのため単純ではあるが，このようなしかたで問題を整理し，いまできることは何かという具体的解決策の創造をめざしていくと，問題が整理され少しずつ落ち着きを取り戻し，新たに動いていける。

ブリーフセラピーでは，問題の起こった原因やその意味にこだわるよりも，解決の構築をいかに進めるかというところに焦点を絞っていく（森，2001）。たとえば，いじめられた原因やその時の気持ちに焦点を当てていくよりも，「いじめられている状況のなかでここまでがんばってこられたのは，あなたのなかのどのような力を使ったからなの？」といったサバイバル・クエスチョンを用いて，被害者の内的資源に注目し，その活性化をめざして新たな視点から事態に取り組んでいくことをめざす。あるいは，いじめられている状況のなかで例外的にうまく事が進んだ時に注目して，それをいじめが解決された姿の一部として取り上げて，そのかたちを広げるように援助していくなどということをする（森・黒澤，2002；黒澤，2002,）。

傷口がまだ浅いうちは，このように話をしながら，自分なりに解決方法を探していけることが多い。「話を聞いてもらっているうちにすっきりした」「何とかやっていけそう」「次はこのようにしてみる」「もう少しがまんしてみる」「自分にも悪いところがあったかもしれない」「自分が思うほど状況は悪くなさそうだ」といった言葉を残して新たに動きだすことが多い。

(b) 心の傷が深い場合

深い心の傷を身体的な傷にたとえるならば，それは入院治療や絶対安静が求められるような傷といえるだろう。このような傷への処置は，社会生活はひと

まず脇においてじっくりと休める環境が必要となるだろう。処置も専門家によって専門的な場においてなされ、しかもそれは長期的展望に立って行われる。いじめ被害に置き換えて考えてみると、被害を受け続けたことによる不登校、ひきこもり、あるいは身体的・心理的な症状が強まって日常生活が大きく阻害されてしまうようなものである。学校生活（社会生活）はとりあえず脇において、じっくりと腰を落ち着けての専門的な対応が必要となってくるような被害である。

いじめ被害がさまざまな症状を発生させることがある。睡眠障害や頭痛・腹痛、喘息、アトピー、食欲不振、無力感や抑うつ感、不安、無感情状態、強い対人恐怖、被害妄想、長期間のひきこもりなどである。

あるいは、いじめという精神的打撃が誘因となって、これまで潜在していた問題（たとえば親との葛藤や親の不仲への不満）が噴出して家庭内暴力が強まることもある。どうにも動かない現状に苛立つものの、それを外的対象に向けることができず、自分で葛藤し悩む許容量もない場合には、悲観的になり短絡的に早期解決を求めるため、自殺衝動が高まったり自殺未遂を起こしたりする。手首自傷や多量服薬、危険な行為といったかたちが多いように思う。いじめは引き金であって、背後に潜在していたそれ以上の問題群が出現したととらえてもよいようなものである。いじめ被害にポイントをおくより、背後状況に介入ポイントを移さねばならないようなものともいえる。このような場合は、本人が落ち着ける場を新たに探してそこにつなげ、心理療法や家族療法、あるいは医学的な処置（薬物療法）などを併用してことに臨む必要がでてくることもある。本人が休息を取れるような環境を整えたり、家族や外部機関（病院、適応指導教室）、学校の教員やスクールカウンセラーといった多くの資源をつなぎながら、長期的展望のもと対応していくことが必要となるだろう。

(c) ふれられたくないいじめの傷の場合

切り傷のような浅い傷でなく、入院するような重症ともいえない程度の傷もあろう。たとえば、骨折では、ギプスで患部を固定し、かばいながらではあるが、日常生活を送ることはできる。生活空間や活動は大きく制限されるため生活スタイルの大幅な変更を余儀なくされるが、しだいにリハビリの時間を長くしながら負傷の影響を薄めもとの生活を取り戻していける。日常生活を送るう

えで明らかに不便で生活空間も制限されるものの,傷にはそれほどふれずにもとの社会生活を取り戻していくというプロセスである。比喩的ではあるが,これはいじめで受けた心の傷を回復するプロセスと重なるように思う。いじめの被害者という場合,このレベルでの負傷が最も多いように思われるので,次にこのような生徒たちへのケアの実際について少し詳しく考えてみたい。

❸──心の傷からの回復

いじめ被害にふれることなく,その傷をケアしていくためには,いじめられる場から身体的,心理的に離れて,新たな場所を見いだしていくことが必要と思う。ひとつのグループからいじめられるのなら,他のグループに移るなどということは,多くの生徒がしているごく自然な対応である。ただし,ここで想定しているのは,他のどこのグループにもうまく所属できない者についてのケアである。先述したように,彼ら・彼女らに必要なことは,いじめを受けることによって強制的に組織化されてしまった活動のなかに,少しずつ新しい活動を取り入れていくことである。そのプロセスで体験することが,いじめ被害者たちをケアしていくと考える。それには次のような大まかなプロセスがあるように思う。

(a) 自由で安全な場の確保

所属グループからいじめられて所属感を失い,学校での生活が大幅に制限されているいじめ被害者たちをケアするには,何か新しいこと,新しい交流ができる安全な場を用意しておくことが必要となる。当然,被害者が安全感を感じられ緊張をとけるような配慮が必要であろう。そのため,その場では,大人の配慮と制限のもと,自傷他害を禁止し,器物破損を禁止するなどのルールを守るならば,本人が自由に過ごしてよいとするのが望ましい。そのなかで被害者たちはしだいに緊張をといて少しずつ遊び心を回復し,表現し,受け入れられていく。カウンセリングルームや適応指導教室,フリースクールといった場はその典型となろう。

そのような場に接触するかどうかということは,被害者にまかせるしかないが,被害者たちが気軽に接近できるような雰囲気をつくりだしておくことは重要となる。多くの人に場を認知してもらうための広報活動や,被害者を教師か

ら紹介してもらうための人間関係づくりなど，被害者が接近しやすいような配慮は欠かせない。だれもが受け入れられる場所を校内や地域に用意しておくことは，被害者の心をケアする準備として基本的なこととなる。複数の生徒がその場で過ごしていれば，所属感や他者への関心を取り戻し，他者の人間関係のつくり方をみて学ぶようになってくる。

(b) 新しい場への接触

　用意されている安全な場に被害者が接触するかどうかは被害者の自由であるが，もし接触した時には，被害者はこれまで発揮していなかった大きな力を発揮しはじめることになる。それは，ケアを受容する能力（Mayeroff, 1971）とでもいえるような力である。援助者は傷ついた被害者をケアする目的で安全な場の確保に力を注ぐわけだが，それだけではケアの空間は生み出されない。ケアの空間を生み出すためには，援助者の力を認め援助者の援助をうまく受容する人が必ず必要となる。いじめ被害者は，自らをケアが必要な立場におくことで，援助者のケアを受容する能力を発揮し，ケアの場を生み出していく。彼らはケアする者のケアを受け入れることで，実はケアする者を活性化し，それによってケアの空間を創り出す一端を担っているのである。

　以上のように，いじめ被害者をケアできるかどうかは，援助者側の力もさることながら，被害者側の力にも大きく依存している。ただし，「ケアの場」に接触したからといって，すべての被害者が，ケアを受容する能力をすぐに示すとは限らない。自分には助けなど必要ないと拒否しながらも頻繁にケアの場を訪れる者や，友達の影に隠れてそっとうかがうようにしている者もいる。いずれにしても，自発的に訪れているので，そこに潜在的なケアを受容する能力を感じ取ることはできるものの，それを表現するまでには，今一歩の時間と信頼関係の構築が必要となる。このような場合は，次の来室につなげていくことが先決となろう。

　被害者のプライドが高い場合，自分をケアが必要な立場におくことは難しい。ケアの場に接近するだけで，傷ついている自分を認めてしまうことになると考え，それは加害者に屈することになるという思いが強くなるので，けっしてケアの場を訪れようとしない。そのような場合は，廊下や昇降口などで気軽に挨拶をしたり声をかけたりして，少しずつ関係をつくりだしていくことからはじ

めなければならないだろう。いじめの被害者にとって，ケアの場に接触するということにはこのような大きな意味と微妙な心理が働いている。

(c) 自己表現から交流のはじまり

信頼できる援助者がいて，自由に過ごしてよいというやわらかい雰囲気を感受できた場合，被害者たちは緊張で固まった心を徐々にゆるめはじめる。そうすると，これまで抑制されていたエネルギーが徐々に自己表現という形に変わっていくように思う。この自己表現が，多様な交流と新しい人間関係を生み出し，何か新しいことをする原動力になっていく。

被害者たちがケアの空間で表現するものは，学校のなかではあまり価値のおかれないものであることが多い。自己表現といっても，すぐに自分の意見やいじめ被害を表現するわけではない。多くは自分の好きなことをしはじめ，そのようななかから交流がはじまる。たとえば，好きなテレビやCMの話をしながら，同じ深夜ラジオを聴いていることがわかり，そこから話がはずんで，毎日のように昨晩聴いたラジオの内容を楽しそうに話しだしたりする。その横では，アニメ好きがアニメの切り抜きを持ってきてアニメのキャラクターを描いている。そして，アニメ好きもいつの間にか同じ深夜ラジオを聴きはじめて話に加わっている。鉄道好きは時刻表を持ってきて鉄道路面図を黒板いっぱいに描きはじめる。それを見ていた別の生徒は「自分も昔は電車が好きだった」といいながら一緒に鉄道路面図を完成させる。これまでのつらい時期に描いてきた絵や詩をそっと見せてくれることもある。まわりに人がいるなかでこのように表現するのだから，それを受け入れてもらえることをどこかで期待しているのだろう。だれかが学校の噂話や教師の人柄などを話しはじめると，ほとんどの生徒がそのような話題に耳を傾け話に参加する。異なった学年，異なった性別の者たちが，そのように交流する機会は学校ではあまりないことと思う。一種サークルのような雰囲気がかもしだされ，逃げ場とも居場所ともいえるような場がつくられる。そこでは，いじめられている自分という文脈とは異なった文脈が生み出されはじめる。被害者たちはその新しい文脈での人間関係や活動をもとにして，これまでのいじめられている自分という受け入れがたい自己像から少し抜け出していけるように思う。いじめ被害者へのケアの実際では，このような居場所づくりを支援することに力が注がれているといっても過言ではない。

(d) 新しいパースペクティブの獲得

　ケアの場に居場所を見つけた被害者たちは，そこでの活動に中心的な価値を見いだしはじめる。他者と共有できそうな話題を用意し，他者と一緒にしたいと思う活動を用意してケアの場を訪れる。自分を支えるものに価値を見いだし，それを他者と共有しようという心構えが強くなるのだろう。いわゆる「われわれ感情」が生まれ，他者に配慮したり，他者から好感をもってみられる努力をしたりする。たとえば，自分の席がないとすぐに傷ついてしまう生徒に配慮し，席を作って待っていたり，髪の毛をぼさぼさにして平気だった者が，髪を整えてきたりする。いじめ被害が相変わらず続いていることもあるが，それにもまして，「ケアの場」で他者からどのようにみられるのかということも気になるようである。

　いじめ被害のなかで孤立無援状態の時には，そのいじめという事態一点に中心化されていた目線が，ケアの場に居場所を見いだすと，それまでとは違う新たな目線を獲得し目線が複数化する。いじめられているだけという自己像から，受け入れられてもいる自己像へと自己像が分化し，それとともに単数だった目線が複数化してくる。それはいじめという事態に支配されてしか動きようのなかった状態から，少しずつ違う立場に身をおくことができるようになっているということであろう。これまでとは違う動きがとれるようになっているということである。おそらく，いつまでもいじめで受けた傷は残るであろうが，このようなプロセスを経て，いじめから心理的にも物理的にも距離をおいていくことで，被害者たちは，いじめで受けた悪影響を徐々に解毒化していけるのではないだろうか。

付章

青少年のいじめを理解するための
文献・資料集

付　章■青少年のいじめを理解するための文献・資料集

　本章では，青少年の「いじめ」を理解する上で役に立つと考えられる著書や資料の中から，比較的読みやすいものを選び，以下に掲載した。本書を補充するものとして，ご活用いただければ幸いである。

（著者のアルファベット順）

朝日新聞大阪本社（編）　1985　なぜいじめるの　渦中からの報告　朝日新聞社
朝日新聞社会部　1986　葬式ごっこ　東京出版
朝日新聞山形支局　1994　マット死事件―見えない"いじめ"の構図―　太郎次郎社
坂西友秀　1995　いじめが被害者に及ぼす長期的影響及び被害者の自己認知と他の被害者　認知の差　社会心理学研究，**11**，105-115．
坂西友秀　1997　加害者・被害者・傍観者から見たいじめ　埼玉大学紀要教育学部（教育　科学Ⅳ），46巻第1号，45-99．
江森陽弘　1984　いじめっ子，いじめられっ子　グロビュー社
遠藤豊吉　1984　弱いものいじめ―教室からの報告―　日本放送出版協会
エリオット，M. & キルパトリック，J.(著)　平野裕二(訳)　1997　いじめに立ち向かう―キッドスケープ・トレーニング・ガイド　アドバンテージサーバー
藤村　哲　1985　「いじめ」とその法的問題　ジュリスト，**836**，44-50．
藤村　哲　1986　「いじめ」とその法的問題　現代のエスプリ，**288**，176-186．
深谷和子　1986　調査レポートⅡ―中学生の「いじめ」―　現代のエスプリ，**228**，44-56．
深谷和子　1996　「いじめ世界」の子どもたち―教室の深淵―　金子書房
深谷和子・中原美恵　1986　調査レポートⅠ―小学生の「いじめ」―　現代のエスプリ，**228**，34-43．
古市裕一・岡村公恵・起塚孝子・九戸瀬敦子　1986　小・中学校における「いじめ」問題の実態といじめっ子の心理的特徴　岡山大学教育学部研究集録，**71**，175-194．
古市裕一・余公俊晴・前田典子　1989　いじめにかかわる子どもたちの心理的特徴　岡山　大学教育学部研究集録，**81**，121-128．
濱口佳和・川端郁恵　1995　いじめ場面での被害者の対応が加害者の心理と行動に及ぼす影響　発達臨床心理学研究（筑波大学），第7巻，69-75．
畠瀬直子　1986　いじめられっ子救出作戦　有斐閣
イギリス教育省（編）　佐々木保行（監訳）　1996　いじめ―一人で悩まないで―　教育開発研究所
井上健治・戸田有一・中松雅利　1986　いじめにおける役割　東京大学教育学部紀要，**26**，89-106．
入沢　充　1995　いじめ・少年非行・家族・福祉の法律問題　季刊教育法，第101号

亀田　稔・亀田愛子　1989　流れ星が見たい―十三歳の死―　筑摩書房
香取早苗　1999　過去のいじめ体験による心的影響と心の傷の回復方法に関する研究　カウンセリング研究，**32**, 1-13.
河合　洋　1985　SOS　いま子どもが危ない！　廣済堂．
いじめっ子・いじめられっ子特別取材班（編）　1986　いじめっ子いじめられっ子―親と教師のための新教育報告書―　ミリオン出版
川上真理子　2000　いじめ被害者における主観的苦痛の度合いとPTSDについて　明治学院大学文学研究科心理学専攻紀要，第5号，27-43.
金　賛汀　1980a　ぼくもう我慢できないよ　一光社
金　賛汀　1980b　続　ぼくもう我慢できないよ　一光社
金　賛汀　1981　遺書のない自殺　一光社
金　賛汀　1982　いじめられる奴は死んでしまえ―「いじめっ子」の論理と病理―　一光社
金　賛汀・中京テレビ報道部　1984　「いじめ」問題の出入り口
小林　剛　1996　子ども支援の臨床教育学　萌文社
子どものしあわせ編集部（編）　1995　いじめ・自殺・遺書　草土文化
小島雅彦・井沢功一郎　2001　いじめに関する国内研究のレビュー―いじめの定義と実態―　心理教育相談研究（上越教育大学），第1巻第1号，111-120.
教育科学研究会／村山士郎／久冨善之編　1999　いじめ自殺―6つの事件と子ども・学校の今―　国土社
毎日新聞社会部（編）　1995　総力取材「いじめ」事件　毎日新聞社
松尾直博　1998　いじめをきっかけに問題行動を示した児童への治療過程　発達臨床心理学研究（筑波大学），9・10合併号，29-35.
森田洋司　1986　いじめの四層構造論　現代のエスプリ，**228**, 57-67.
森田洋司　1995　「いじめ」問題と不登校　稲村　博・斉藤友起雄（編）　いじめ自殺　現代のエスプリ別冊，159-170.
森田洋司　1998　世界のいじめ　金子書房
森田洋司　2001　いじめの国際比較調査　金子書房
森田洋司・清水賢二　1986　いじめ―教室の病―　金子書房
森田洋司・清永賢二　1994　新訂版　いじめ―教室の病―　金子書房
森田洋司・滝　充・秦　政春・星野周弘・若井彌一（編著）　1999　日本のいじめ―予防・対応に生かすデータ集―　金子書房
村山士郎・久冨善之・佐貫　浩　1986　中学生のいじめ自殺事件―青森県・野辺地中学校のケースを追う―　労働旬報社
日本青少年研究所　1998　中学生・高校生の生活意識に関する調査報告書
野口清人・折出健二・堀尾輝久　1998　いじめ自殺―子を亡くした親たちのメッセージ

付章 青少年のいじめを理解するための文献・資料集

― かもがわ出版

尾木直樹　1997　いじめ防止実践プログラム　学陽書房

オルヴェウス, D. (著)　松井賚夫・都築幸恵・角山　剛 (訳)　1995　いじめ　こうすれば防げる―ノルウェーにおける成功例―　川島書店

大森千明　1997　子どもがあぶない　臨時増刊　アエラ, **45**, 11/1号　朝日新聞社

スミス, P. K., & シャープ, S. (編)　守屋慶子・高橋通子 (監訳)　1996　いじめにとりくんだ学校―英国における四年間にわたる実証的研究の成果と展望―　ミネルヴァ書房

清水賢二 (編)　2000　世界のいじめ　信山社

新堀通也　1996　いじめの臨床教育学的考察　臨床教育学研究 (武庫川女子大学), 第2号, 1-24.

シャープ, S. & スミス, P. K. (編)　フォンス・智江子 (訳)　1996　あなたの学校のいじめ解消に向けて　東洋館出版社

杉原一昭・宮田　敬・桜井茂男　1986　「いじめっ子」と「いじめられっ子」の社会的地位とパーソナリティ特性の比較　筑波大学心理学研究, **8**, 63-72.

鈴木康平　1989　いじめに対する小・中学生の認識　熊本大学教育実践研究, **6**, 61-81.

鈴木康平　1989　いじめに対する教育学部2年次生・教育実習生・現職教師の認識　熊本大学教育学部紀要, **38**, 257-270.

鈴木康平　1990　いじめに対する態度と価値観―とくに小・中学生の場合　熊本大学教育学部紀要, **39**, 285-302.

鈴木康平　1995　学校におけるいじめ　教育心理学年報, 第34集, 132-142.

鈴木康平　2000　学校におけるいじめの心理　ナカニシヤ出版

立花正一　1990　「いじめられ体験」を契機に発症した精神障害について　精神神経学雑誌, **92**, 321-342.

多賀幹子　1997　いじめ克服法―アメリカとイギリスのとりくみ―　青木書店

高木　修　1986　いじめを規定する学級集団の特徴　関西大学社会学部紀要, **18**(1), 1-30.

高徳　忍　1999　いじめ問題ハンドブック　つげ書房新社

竹村和久・高木　修　1988　"いじめ"現象に関わる心理的要因―逸脱者に対する否定的態度と多数派に対する同調性―　教育心理学研究, **36**, 57-62.

タツム, D. P. & レーン, D. A. (編)　影山任佐・齋藤憲司 (訳)　1996　いじめの発見と対策―イギリスの実践に学ぶ―　日本評論社

豊田　充　1995　清輝君が見た闇―いじめの深層は―　大海社

土屋　怜・土屋　守　1993　私のいじめられ日記　青弓社

上地広昭　1999　中学生のいじめの対処法に関する研究　カウンセリング研究, **32**, 24-31.

梅野正信・采女博文編　2001　実践　いじめ授業―主要事件「判決文」を徹底活用―　エイデル研究所
矢部　武　1997　アメリカ発　いじめ解決プログラム　実業之日本社

[雑誌の特集等]
「いじめ」河合隼雄(編)　こころの科学，No.70，1996　日本評論社
「いじめ―家庭と学校のはざまで―」　深谷和子(編)　現代のエスプリ，No.228，1986　至文堂
特集「いじめを超えよう」　真仁田　昭(編)　児童心理　Vol.46，No.9，1992　金子書房
「いじめない子　いじめられない子」　真仁田　昭・他(編)　児童心理(臨時増刊 667)，Vol.50，No.15，1996　金子書房
「いじめ」対策ハンドブック　真仁田　昭・他(編)　児童心理(臨時増刊 716)，Vol.53，No.9，1999　金子書房
「いじめ裁判」　入沢　充(編)　季刊教育法(臨時増刊)，No.126，2000　エイデル研究所
特集「平成10年度ハートケア教育相談活動推進研究集録・平成10年度いじめ対策地域連携モデル市町村研究集録」　文部省中等学校課・高等学校課　中等教育資料(臨時増刊)，2000　大日本図書
特集「学校問題」　日本教育社会学会(編)　教育社会学研究，第59集，1996

引 用 文 献

■第1章

坂西友秀　1995　いじめが被害者に及ぼす長期的影響及び被害者の自己認知と他の被害者認知の差　社会心理学研究, 11, 105-115.

坂西友秀　1997　加害者・被害者・傍観者から見たいじめ　埼玉大学紀要教育学部（教育科学Ⅳ）, 46巻第1号, 45-99.

Beane, A. 1998 The Trauma of Peer Victimization. In T. W. Miller (Ed.), Children of trauma: stressful life events and their effects on children and adolescents. International Universities Press. Pp.205-218.

Callaghan, S., & Joseph, S. 1995 Self-concept and peer victimization among schoolchildren. *Personality and Individual Differences*, **18**, 161-163.

Crick, N. R., & Bigbee, M. A. 1998 Relational and overt forms of peer victimization: A multi-informant approach. *Journal of Consulting and Clinical Psychology*, **66**(2), 337-347.

Craig, W. D. 1998 The relationship among bullying, victimization, depression, anxiety, and aggression in elementary school children. *Personality and Individual Differences*, **24**, 123-130.

遠藤豊吉　1984　弱いものいじめ―教室からの報告―　日本放送出版協会

Erling, R. 2002 Bullying, depressive symptoms and suicidal thoughts. *Educational Research*, **44**(1), 55-67.

Fosse, G.K., & Holen, A. 2002 Childhood environment of adult psychiatric outpatients in Norway having been bullied in school. *Child Abuse & Neglect*, **26**, 129-137.

深谷和子　1996　「いじめ世界」の子どもたち―教室の深淵―　金子書房

福田博行　2001　いじめ問題に取り組む教師の実践的展開　現代のエスプリ, **407**, 63-72.

福岡欣治　2000　日常ストレス状況における友人との支持的な相互作用が気分状態に及ぼす効果　静岡県立大学短期大学部研究紀要, **14**, 1-19.

Gilmartin, B. G. 1987 Peer group antecedents of severe love-shyness in males. *Journal of Personality*, **55**(3), 467-489.

橋本　治　1998　いじめと自殺の予防教育　明治図書

Haynie, D. L., Nansel, T., Eitel, P., Crump, A. D., Saylor, K., Yu, K., & Simons-Morton, B. 2001 Bullies, victims, and bully/victims: Distinct group of at-risk youth. *Journal of Early Adolescence*, **21**(1), 29-49.

引用文献

Hazler, R. J. 2000 When victims turn aggressors: Factors in the development of deadly school violence. *Professional School Counseling*, **4**(2), 105-112.

Hugh-Jones, S., & Smith, P. K. 1999 Self-reports of short- and long-term effects of bullying on children who stammer. *British Journal of Educational Psychology*, **69**(2), 141-158.

市川千秋・榊原秀雄・榊原朝子・藤岡良寿　1995　いじめ解決プログラムに関する研究—2段階肯定メッセージ法の効果—　三重大学教育実践研究指導センター紀要, **15**, 1-9.

Juvonen, J., Nishina, A., & Graham, S. 2001 Peer harassment, psychological adjustment, and school functioning in early adolescence. *Journal of Educational Psychology*, **92**, 349-359.

Kaltiala-Heino, R., Rimpelä, M., Marttunen, M., Rimpelä, A., & Rantanen, P. 1999 Bullying, depression, and suicidal ideation in Finnish adolescents: School survey. *British Medical Journal*, **319**, 348-351.

Kaltiala-Heino, R., Rimpelä, M., Rantanen, P., & Rimpelä, A. 2000 Bullying at schools: An indicator of adolescents at risk for mental disorders. *Journal of Adolescence*, **23**, 661-674.

香取早苗　1999　過去のいじめ体験による心的影響と心の傷の回復方法に関する研究　カウンセリング研究, **32**, 1-13.

川上真理子　2000　いじめ被害者における主観的苦痛の度合いとPTSDについて　明治学院大学文学研究科心理学専攻紀要, 第5号, 27-43.

家族機能研究所　1999　いじめ被害の後遺症等に関する基礎調査　アディクションと家族（日本嗜癖行動学会）, **16**, 481-494.

金　賛汀　1980a　ぼくもう我慢できないよ　一光社

金　賛汀　1980b　続　ぼくもう我慢できないよ　一光社

小島雅彦・井沢功一郎　2001　いじめに関する国内研究のレビュー—いじめの定義と実態—　心理教育相談研究（上越教育大学）, 第1巻第1号, 111-120.

小西聖子　1999　犯罪被害者遺族　東京書籍

町沢静夫　1988　発達とストレス　青年心理, **67**, 12-21.

三浦正江　2002　中学生の学校生活における心理的ストレスに関する研究　風間書房

森田洋司　1995　「いじめ」問題と不登校　稲村　博・斎藤友起雄（編）　現代のエスプリ（別冊）　いじめ自殺　至文堂　Pp.159-170.

森田洋司　1998　世界のいじめ　金子書房

森田洋司　2001　いじめの国際比較調査　金子書房

森田洋司　2003　私事化社会における生徒指導の今日的課題—いじめ・不登校実

引用文献

態調査を手がかりとして— 日本教育心理学会第45回総会研究委員会企画シンポジウム
森田洋司・清永賢二 1986 いじめ—教室の病い— 金子書房
森田洋司・清永賢二 1994 新訂版 いじめ—教室の病い— 金子書房
森田洋司・滝 充・秦 政春・星野周弘・岩井彌一 (編著) 1999 日本のいじめ—予防・対応に生かすデータ集— 金子書房
文部科学省 (編) 2002 平成13年度文部科学白書：21世紀の教育改革 財務省印刷局 (http://wwwwp.mext.go.jp/monkag2001/index-14.html)
長根光男 1991 学校生活における児童の心理的ストレスの分析—小学4, 5, 6年生を対象にして— 教育心理学研究, **39**, 182-185.
Nancel, T. R., Overpeck, M., Pilla, R. S., Ruan, W. J., Simons-Morton, B., & Scheidt, P. 2001 Bullying behavior among US youth. *Journal of American Medical Association*, **285**, 2094-2100.
岡安孝弘・嶋田洋徳・丹羽洋子・森 俊夫・矢富直美 1992 中学生の学校ストレッサーの評価とストレス反応との関係 心理学研究, **63**, 310-318.
Olweus, D. 1991 Bullying/victim problems among schools children: Basic facts and effects of a school based intervention program. In D. J. Pepler & K. H. Rubin (Eds.), *The development and treatment of childhood aggression.* Hillsdale, NJ: Erlbaum. Pp.85-128, 411-448.
Olweus, D. 1999 Sweden. In P. K. Smith, Y. Morita, J. Junger-Tas, D. Olweus, R. Catalano, & P. Slee (Ed.), *The nature of school bullying: A cross-national perspective.* London: Routledge. Pp.7-27.
O'Moore, M. 2001 Self-esteem and its relationship to bullying behavior. *Aggressive behavior*, **27**(4), 269-283.
Pellegrini, A.D., & Bartini, M. 2000 A longitudinal study of bullying, victimization, and peer affiliation during the transition from primary school to middle school. *American Educational Research Journal*, **37**(3), 699-725.
Pellegrini, A. D., Bartini, M., & Brooks, F. 1999 School bullies, victims, and aggressive victims: Factors relating to group affiliation and victimization in early adolescence. *Journal of Educational Psychology*, **91**, 216-224.
Rigby, K. 1997 Attitudes and beliefs about bullying among Australian school children. *Irish Journal of Psychology*, **18**(2), 202-220.
Rigby, K. 2000 Effects of peer victimization in schools and perceived social support on adolescent well-being. *Journal of Adolescence*, **23**, 57-68.
Rigby, K., & Slee, P. 1993 Dimensions of interpersonal relation among Australian children and implications for psychological well-being. *Journal of*

Social Psychology, **133**, 22-42.

Rigby, K., & Slee, P. 1999 Suicidal ideation among adolescent school children, involvement in bully-victim problems, and perceived social support. *Suicide and Life-Threatening Behavior*, **29**(2), 119-130.

Rivers, I. 2001 The bullying of sexual minorities at school: Its nature and long-term correlates. *Educational and Child Psychology*, **18**(1), 32-46.

酒井　徹　1997　いじめ克服の日常プログラム　学事出版

榊原秀雄　1997　肯定的メッセージの学級カウンセリング　学校運営研究, **464**, 40-42.

Shäfer, M., Werner, N. E., & Crick, R. 2002 A comparison of two approaches to the study of negative peer treatment: General victimization and bully/victim problems among German Schoolchildren. *British Journal of Developmental Psychology*, **20**, 281-306.

Sharp, S. 1995 How much does bullying hurt? The effects of bullying on the personal wellbeing and educational progress of secondary aged students. *Educational Child Psychology*, **12**(2), 81-88.

Sharp, S., Thompson, D., & Arora, T. 2000 How long before it hurts?: An investigation into long-term bullying. *School Psychology International*, **21**(1), 37-46.

Smith, P. K. 1991 The Silent Nightmare: Bullying and victimisation in school peer groups. *The Psychologist*, **4**, 243-248.

Smith, P. K., Cowie, H., Olafsson, R., & Liefooghe, A. 2002 Definitions of bullying: A comparison of terms used, and age and gender differences, in a fourteen-country international comparison. *Child Development*, **73**(4), 1119-1133.

Smith, P. K., & Sharp, S. 1994 School Bulling. London: Routledge.

Sourander, A., Helstelä, L., Helenius, H., & Piha, J. 2000 Persistence of bullying from childhood to adolescence: A longitudinal 8-year follow-up study. *Child Abuse & Neglect*, **24**(7), 873-881.

菅野盾樹　1988　いじめ　青年心理, **67**, 31-35.

高橋祥友　1998　群発自殺　中公新書

高徳　忍　1999　いじめ問題　ハンドブック　つげ書房新社

竹村一夫　1999　深刻ないじめ　森田洋司・滝　充・秦　政春・星野周弘・岩井彌一（編著）　日本のいじめ—予防・対応に生かすデータ集—　金子書房　Pp.166-201.

宅　香菜子　2002　思春期自我発達の促進要因に関する理論的検討—ストレス体験過程の積極的意義に着目したモデル構築の提案—　名古屋大学大学院教育

引用文献

発達科学研究科紀要（心理発達科学）, **49**, 169-179.
土屋　守　1994　500人のいじめられ日記　青弓社
Whitney, I., & Smith, P. K.　1993　Survey of the nature and extent of bullying in junior/middle and secondary schools.　*Educational Research*, **35**(1), 3-25.
山崎鎮親　1999　新聞報道から見たいじめ自殺事件　教育科学研究会・村山士郎・久冨善之　いじめ自殺—6つの事件と子ども・学校のいま—　国土社　Pp.77-80.

コラム②

石坂浩一　2000　自殺・暴力・いじめの克服へ—深刻な学級崩壊—　石坂浩一・舘野　哲（編）　現代韓国を知るための55章　明石書店　Pp.52-55.
小室直樹・色摩力夫　1997　人にはなぜ教育が必要なのか　総合法令出版
李　漢教　1998　韓国のいじめの背景と実態　日本犯罪社会学会第25回大会報告要旨集, 60-62.
李　漢教　2000　韓国のイジメ　清永賢二（編）　世界のイジメ　信山社　Pp.188-205.
水野俊平　2003　韓国の若者を知りたい　岩波書店

■第2章

Ainsworth, M. D. S.　1967　*Infancy in Uganda: Infant care and the growth of attachment*.　Baltimore: Johns Hopkins University Press.
Ainsworth, M. D. S., Bell, S. M., & Stayton, D. J.　1971　Individual differences in strange-situation behavior of one-year-olds.　In H. R. Schaffer(Ed.), *The origins of human social relations*.　London: Academic Press.　Pp.17-57.
Andreou, E.　2001　Bully/victim problems and their association with coping behavior in conflictual peer interactions among school-age children.　*Educational Psychology*, **21**, 59-66.
Aresenio, W. F., & Lemerise, E. A.　2001　Varieties of childhood bullying; Values, emotion process, and social competence.　*Social Development*, **10**, 59-73.
朝日新聞　1997　いじめ考—いじめる側は2—　朝日新聞12月22日付
Bandura, A.　1965　Influence of model's reinforcement contingencies on the acquisition on imitative responces.　*Journal of Personality and Social Psychology*, **1**, 589-595.
Bandura, A.　1973　*Aggression: social learning analysis*.　Englewood Cliffs, N.J.: Prentice-Hall.
Cairns, R. B., Cairns, B. D., Neckerman, H. J., Gest, S. D., & Gariepy, J. L.　1988　Social networks and aggressive behavior: Peer support or peer rejection?

引用文献

Developmental Psychology, **24**, 815-823.

Crick, N. R., & Dodge, K. A. 1994 A review and reformulation of social information-processing mechanisms in children's social adjustment. *Psychological Bulletin*, **115**, 74-101.

Dodge, K. A. 1993 Social-cognitive mechanisms in the development of conduct disorder and depression. *Annual Review of Psychology*, **44**, 559-584.

Hara, H. 2002 Justifications for bullying among Japanese schoolchildren. *Asian Journal of Social Psychology*, **5**, 197-204.

京都市教育研究所 1983 児童・生徒の人間関係における意識と行動の調査―いじめの問題を中心に

Lagerspetz, K. M. J., Bjorkqvist, K., Berts, M., & King, E. 1982 Group aggression among school children in three schools in Finland. *Scandinavian Journal of Psychology*, **23**, 45-52.

Lerner, M. J. 1980 *The belief in a just world: A fundamental delusion.* New York: Plenum.

文部省 1997 児童生徒のいじめ等に関するアンケート調査結果

森田洋司・清永賢二 1994 新訂版 いじめ―教室の病い― 金子書房

長根光男 1991 学校生活における児童の心理的ストレスの分析―小学4，5年生を対象にして― 教育心理学研究, **39**, 182-185.

内藤朝雄 2001 いじめの社会理論 柏書房

中井久夫 1996 いじめとは何か 仏教, **37**, 16-23.

中井久夫 1997 いじめの政治学 中井久夫 アリアドネの糸 みすず書房

中西信男 1991 コフートの心理療法 ナカニシヤ出版

Olweus, D. 1978 *Aggression in the schools: Bullies and whipping boys.* Washington D.C.: Hemisphere Publishing.

Olweus, D. 1994 Annotation: Bullying at school; Basic facts and effects of school based intervention program. *Journal of Child Psychology and Psychiatry*, **35**, 1171-1190.

大阪市立大学社会学研究室 1985 いじめ集団の構造に関する社会学的研究

Pellegrini, A. D., Bartini, M., & Brooks, F. 1999 School bullies, victims, and aggressive victims: Factors relating to group affiliation and victimization in early adolescence. *Journal of Educational Psychology*, **91**, 216-224.

Perry, D. G., Willard, J. C., & Perry, L. C. 1990 Peers' perceptions of the consequences that victimized children provides aggressors. *Child Development*, **61**, 1310-1325.

Rigby, K., & Slee, P. T. 1993 Dimensions of interpersonal relation among

Australian children and implications for psychological well-being. *Journal of Social Psychology*, **133**, 33-42.

Salmivalli, C., Huttnunen, A., & Lagerspetz, K. M. J. 1997 Peer networks and bullying in schools. *Scandinavian Journal of Psychology*, **18**, 305-312.

Salmivalli, C., Karhunen, J., & Lagerspetz, K. M. J. 1996a How do the victims respond to bullying? *Aggressive Behavior*, **22**, 99-109.

Salmivalli, C., Lagerspetz, K. M. J., Björkqvist, K., Österman, K., & Kaukiainen, A. 1996b Participant roles and their relations to social status within the group. *Aggressive Behavior*, **22**, 1-15.

千石　保　1995　いじめの構造―アメリカと日本　稲村　博・斎藤友紀雄（編）現代のエスプリ（別冊）　いじめ自殺　至文堂

総務庁青少年対策本部（編）　1999　平成10年度版青少年白書　大蔵省印刷局

Sutton, J. 2001 Bullies: Thugs or thinkers? *Psychologist*, **14**, 530-534.

Sutton, J., & Smith, P. K. 1997 Bullying as a group process: Roles and friendships. Paper presented at the British Psychological Society Winter Conference.

Sutton J., Smith P. K., & Sweettenham, J. 1999a Social cognition and bullying: Social inadequacy or skilled manipulation? *British Journal of Developmental Psychology*, **17**, 435-450.

Sutton J., Smith P. K., & Sweettenham J. 1999b Bullying and 'Theory of mind': A critique of the 'Social skills deficit' view of anti-social behavior. *Social Development*, **8**, 117-127.

鈴木康平　2000　学校におけるいじめの心理　ナカニシヤ出版

滝　充　1996　「いじめ」を育てる学級特性　明治図書

Vaughn, B. E., & Waters, E. 1981 Attention structure, sociometric status, and dominance: Interrelations, behavioral correlates, and relationships to social competence. *Developmental Psychology*, **17**, 77-85.

Whitney I., & Smith P. K. 1993 A survey of the nature and extent of bullying in junior/middle and secondary schools. *Educational Research*, **35**, 3-25.

コラム⑥

森田洋司・清永賢二　1994　新訂版　いじめ―教室の病い　金子書房

コラム⑨

Garrett, A. G. 2003 *Bullying in American schools.* Jefferson, N.C.: McFarland.

Nansel, T. R., Overpeck, M., Pilla, R. S., Ruan, W. J., Simons-Morton, B., & Scheidt, P. 2001 Bullying behaviors among US youth: Prevalence and association with psychosocial adjustment. *Journal of the American Medical Association*, **285**(16), 2094-2100.

■第3章
家近二郎　2002　教護院(児童自立支援施設)―非行少年との生活―　清水　寛(編著)　続・生きること学ぶこと　創風社　Pp.465-486.
池島徳大　1997　クラス担任によるいじめ解決への教育的支援　日本教育新聞社
石原　登　1964　十代の危機―間違いのない子にする導き方―　国土社
石隈利紀　1999　学校心理学―教師・スクールカウンセラー・保護者のチームによる心理教育的援助サービス―　誠信書房
黒澤幸子　2002　スクールカウンセリング・ワークブック　金子書房
楠　凡之　2002　いじめと児童虐待の臨床教育学　ミネルヴァ書房
Mayeroff, M.　1971　*On Caring.*　Harper & Row.　田村　真・向野宣之(訳)　2001　ケアの本質　ゆみる出版
文部科学省　2003　平成14年度の生徒指導上の諸問題の現状について(速報)　(http://wwwwp.mext.go.jp/monkag2001/index-14.html)
森　俊夫　2001　"問題行動の意味"にこだわるより"解決志向"で行こう　ほんの森出版
森　俊夫・黒澤幸子　2002　解決志向ブリーフセラピー　ほんの森出版
森田洋司　1985　学級集団における「いじめ」の構造　ジュリスト,**836**
森田洋司・清永賢二　1994　新訂版　いじめ―教室の病い―　金子書房
森田洋司・滝　充・秦　政春・星野周弘・岩井彌一(編著)　1999　日本のいじめ―予防・対応に生かすデータ集―　金子書房
小田　晋　1997　非行といじめの行動科学　フレーベル館
Pope, A. W. et al.　1988　*Self-esteem enhancement with children and adolescents.*　Pergamon press.　高山　巌(監訳)　1999　自尊心の発達と認知行動療法　岩崎学術出版社
鈴木康平　1995　学校におけるいじめ　教育心理学年報第34集　日本教育心理学会　132-142.
詫間武俊　1995　ライブラリ思春期の'こころのSOS' 1 いじめ　サイエンス社
竹川郁雄　1993　いじめと不登校の社会学―集団状況と同一化意識―　法律文化社
山中康裕　1978　少年期のこころ　中公新書

コラム⑩
松原達哉(編)　1996　いじめっ子への処方箋―カウンセラー50人によるいじめ解決法―　教育開発研究所

コラム⑬
Hall, C.　1993　Bullying 'has long-term effect on victims'.　Daily Yomiuri, October, 3.

引用文献

Smith, P. K., & Sharp, S. 1994 *School Bulling*. London: Routledge.

Sweetman, J. 1995a *Parents' guide to primary school and the national curriculum-Keystage 1 and 2*. Letts Educational.

Sweetman, J. 1995b *Parents' guide to primary school and the national curriculum-Keystage 3 and 4*. Letts Educational.

コラム⑭

Rigby, K. 1998 The relationship between reported health and involvement in bully/victim problems among male and female secondary schoolchildren. *Journal of Health Psychology*, **3**, 465-476.

Rigby, K. R., & Slee, P. T. 1991 Bullying among Australian school children: Reported behavior and attitudes toward victims. *Journal of Social Psychology*, **131**, 615-627.

Rigby, K. R., & Slee, P. T. 1993 Dimensions of interpersonal relation among Australian children and implications for psychological well-being. *Journal of Social Psychology*, **133**, 33-42.

Rigby, K. R., & Slee, P. T. 1998 Part 3 Pacific Rim 20 Australia. In P. K., Smith, Y., Morita, J., Junger-Tas, D., Olweus, R., Catalano & P. Slee(Eds), *The nature of school bullying: A cross-national perspective*. London; New York: Routledge. 森田洋司 (監訳) 1998 世界のいじめ 金子書房

Soutter, A., & McKenzie, A. 2000 The use and effects of anti-bullying and anti-harassment policies in Australian schools. *School Psychology International*, **21**, 96-105.

Slee, P. T., & Rigby, K. R. 1992 Australian school children's self appraisal of interpersonal relations: The bullying experience. *Child Psychiatry and Human Development*, **23**, 273-282.

人名索引

●A
Ainsworth, M. D. S.　71
Andreou, E.　65, 74
Aresenio, W. F.　64

●B
Bandura, A.　67
坂西友秀　4
Bartini, M.　43
Beane, A.　38
Bigbee, M. A.　23
Bowlby, J.　71

●C
Cairns, R. B.　66
Callaghan, S.　21, 22
Craig, W. D.　21
Crick, N. R.　23

●D
Dodge, K. A.　73
Dollard, J.　77

●E
遠藤豊吉　3
Erling, R.　42

●F
Fosse, G. K.　41
深谷和子　8
福田博行　31
福岡欣治　29

●G
Garrett, A. G.　80
Gilmartin, B. G.　40, 44

●H
Hall, C.　113
Hara, H.　67
橋本　治　35
Haynie, D. L.　22
Hazler, R. J.　38
Holen, A.　41
Hugh-Jones, S.　40

●I
家近二郎　107
池島徳大　105
石原　登　109
石隈利紀　111
石坂浩一　26
市川千秋　35

●J
Joseph, S.　21, 22
Juvonen, J.　23

●K
Kaltiala-Heino, R.　20, 21, 41
香取早苗　4
川上真理子　4
金賛汀　4
清永賢二　17, 31
Klein, M.　71
Kohut, K.　52
小室直樹　26
小西聖子　34
黒澤幸子　126
楠　凡之　83

●L
Lagerspetz, K. M. J.　60, 74
李漢教　26
Lemerise, E. A.　64

人名索引

Lerner, M. J.　68
Lowenstein, L. F.　113

●M
町沢静夫　28
松原達哉　87
Mayeroff, M.　129
McKenzie, A.　114
三浦正江　29
水野俊平　26
森　俊夫　126
森田洋司　2, 10-19, 29-31, 52, 57, 102, 115, 124

●N
長根光男　28
内藤朝雄　52
中井久夫　50, 51, 65
中西信男　52
Nansel, T. R.　20, 80

●O
小田　晋　108
岡安孝弘　29
Olweus, D.　4
O'Moore, M.　23

●P
Pellegrini, A. D.　4, 43
Pope, A. W.　126

●R
Rigby, K.　20, 22
Rivers, I.　44

●S
酒井　徹　35
榊原秀雄　35
Salmivalli, C.　58, 60
千石　保　76
Sharp, S.　2, 39, 41
色摩力夫　26
Skinner, B. F.　78
Slee, P.　22
Smith, P. K.　2, 40, 41, 59, 61
Sourander, A.　43
Soutter, A.　114
Sutton, J.　61, 64
鈴木康平　74, 82
Sweetman, J.　113

●T
高橋祥友　35
高徳　忍　2
滝　充　53
宅　香菜子　28
詫間武俊　82
土屋　守　35

●V
Vaughn, B. E.　73

●W
Waters, E.　73
Whitney, I.　59

●Y
山中康裕　123
山崎鎮親　31

事項索引

●あ
愛着（アタッチメント）の理論　71
アサーショントレーニング　107
安定型　71

●い
いじめ　2
一次的自己愛　54
逸脱行動　110
居場所　130

●え
援助者　60

●お
おはよう広場　3
親面接　100

●か
回避型　71
乖離性同一性障害　33
加害者　5, 60
ガキ大将型いじめ　2
核と枠の安定　111
学校保健調査　93
家庭教育学級　105
観衆　5

●き
ギャング・エイジ（徒党時代）　74
鏡映転移　52
強化者　60
強化理論　78

●く
虞犯　107

●け
ケアを受容する能力　129
原級留置　96

●こ
交換日記　92
高校中退者　94
交替制　107
行動観察　89
校内暴力　94
心の教室相談員　85
孤独感　23

●さ
在日朝鮮人　4
サバイバル・クエスチョン　126
差別型いじめ　2
参加役割　60

●し
自己愛　52
自己愛人格障害　52
自己愛憤怒　53
自己概念　22
自己価値　22
自己主張訓練　84
自殺願望　24
自殺念慮　42
市場原理　57
司書教諭　91
自尊感情　22
児童自立支援施設　107
児童相談センター　100
シミュレーション　126
社会的学習理論　67
社会的技能欠陥モデル　64
社会的情報処理　74
社会的スキル　84

事項索引

集団生活　93
宿泊行事　93
初期経験　74
触法行為　107
女性センター　100
身体的症状　23
心的外傷　32
心的外傷後ストレス障害　32
心理療法　102

●す
スクールアドバイザー　85
スクールカウンセラー　85
ストレスマネジメント　107

●せ
世界保健機構　20
摂食障害　23
専科制　91
選択的非注意　51
全能感　52
全能希求構造　52

●そ
葬式ごっこ　7
ソーシャルスキルトレーニング　107
ソシオメトリック指名法　73

●た
対象関係学派　72

●ち
知識構造　74

●て
ティームティーチング　91
抵抗型　71
DSM-Ⅲ　33
適応指導教室指導員　85

転移感情　52

●と
ドメスティックバイオレンス　100

●に
二次的被害　34
2段階肯定メッセージ法　35
「ニワトリのつつき順位型」いじめ　108

●は
反撃型　63
万能感　52

●ひ
PTSD　32, 33
被害加害者　17, 18
被害者　5, 60
「非行型」のいじめ　108
肥大化した自我　54

●ふ
不安傾向　22
夫婦制　107
フリースクール　128
ブリーフセラピー　126
プレイセラピー　98
分割授業　91

●へ
併立制　107
β体験構造　52

●ほ
傍観者　5, 60
防御者　60
保健室　94
保健室登校　85

●み
「みにくいアヒルの子型」いじめ　108
民族差別　4

●む
無関心型　63
無力型　63

●め
面接　98
メンタルフレンド　85

●も
妄想─分裂態勢　72

●よ
養護教諭　91, 93

抑うつ態勢　72
抑うつ的傾向　21
欲求不満─攻撃仮説　77
欲求不満耐性　55
4層構造モデル　5, 17

●り
寮母　107
臨時教育審議会　3
臨床心理士　85

●れ
連絡帳　92

●わ
われわれ感情　131

151

【執筆者一覧】

坂西　友秀	編者	1-1，付章，コラム12	
岡本　祐子	編者	1-2-1	
小西　千秋	ブリティシュ・コロンビア大学	1-2-2	
宇田　光	南山大学	1-3-1	
戸田　有一	大阪教育大学	1-3-2	
堀田　香織	埼玉大学	2-1	
原　英樹	千葉大学	2-2，コラム14	
宮下　一博	千葉大学	2-3	
森　陽子	徳島大学	3-1	
時川　郁夫	森村学園初等部	3-2-1	
久保千恵子	埼玉県立本庄高等学校	3-2-2	
桐原　奈津	港区立教育センター教育相談員	3-2-3	
夏野　良司	愛媛大学	3-2-4	
山田　日吉	岐阜県加茂群七宗町立上麻生中学校	3-2-4	
家近　早苗	聖徳大学	3-2-5	
芝　督子	中村中学校・中村高等学校	3-3-1	
丸山　広人	茨城大学	3-3-2	

■コラム

小沢恵美子	植草学園短期大学	コラム1, 4, 5, 7, 8
吉村　斉	高知学園短期大学	コラム2
王　晨	埼玉大学	コラム3
土井　容子	世田谷区立梅丘福祉実習ホーム	コラム6
荒木　剛	東北大学大学院	コラム9
坂中　正義	福岡教育大学	コラム10
杉岡　正也	警視庁	コラム11
久保田淳子	家族相談士，学校相談員	コラム12

【編者紹介】

坂西友秀（ばんざい・ともひで）

1953年　新潟県に生まれる
1983年　名古屋大学大学院教育学研究科博士後期課程中退
現　在　埼玉大学教育学部教授（博士（教育心理学））

|主著・論文|

自己と他者の視点の違いと帰属作用　風間書房　1998年
ジェンダーと「家」文化　社会評論社　1999年
共生の心理学　ちば―教育と文化―　64号　2003年

岡本祐子（おかもと・ゆうこ）

1954年　広島県に生まれる
1983年　広島大学大学院教育学研究科博士課程後期修了
現　在　広島大学大学院教育学研究科教授（教育学博士，臨床心理士）

|主著・論文|

成人期における自我同一性の発達過程とその要因に関する研究　風間書房　1994年
中年からのアイデンティティ発達の心理学　ナカニシヤ出版　1997年
女性の生涯発達とアイデンティティ（編著）　北大路書房　1999年
アイデンティティ生涯発達論の射程（編著）　ミネルヴァ書房　2002年
新・女性のためのライフサイクル心理学（共編著）　福村出版　2002年
アイデンティティ研究の展望Ⅱ，Ⅲ，Ⅳ，Ⅴ-1，Ⅴ-2，Ⅵ（共編）　ナカニシヤ出版　1995～2002年

| シリーズ | 荒れる青少年の心 |

いじめ・いじめられる青少年の心 ―発達臨床心理学的考察―

2004年3月20日　初版第1刷発行　　　定価はカバーに表示
2006年7月5日　初版第2刷発行　　　してあります。

編著者　　坂　西　友　秀
　　　　　岡　本　祐　子
発行所　　㈱北大路書房
〒603-8303　京都市北区紫野十二坊町12-8
　　　　　電　話　(075) 431-0361㈹
　　　　　ＦＡＸ　(075) 431-9393
　　　　　振　替　01050-4-2083

ⓒ2004　制作/ラインアート日向・華洲屋　印刷・製本/創栄図書印刷㈱
検印省略　落丁・乱丁本はお取り替えいたします

ISBN4-7628-2362-7　Printed in Japan